vmn

Verlag M. Naumann, **vmn**, Hanau, 2011
Druck: Aalexx Buchproduktion GmbH, Großburgwedel

Titelgestaltung: Hermann Matthes

ISBN 978-3-943206-02-9

1. Auflage 2011

Bibliografische Information der Deutschen Nationalbibliothek
Die Deutsche Nationalibliothek verzeichnet diese Publikation in der Deutschen Nationalbibliografie; detaillierte bibliografische Daten sind im Internet über http://dnb.ddb.de abrufbar.

Der Autor

Rainer Witt, Jahrgang 1943, ist seit Dezember 2008 „in Rente." Nach fünfunddreißig Jahren als populärer Reporter und Moderator beim Hessischen Rundfunk und Sendern der ARD, als Autor bei „pardon" und „titanic" widmet der Ehemann und Vater zweier Kinder nun seine (gelegentlich!) freie Zeit ganz dem Schreiben. „Ich bin jetzt mal da" ist sein vierzehntes Buch. Witt lebt mit seiner Familie in Weiterstadt bei Darmstadt.

RAINER WITT

Ich bin jetzt mal da

DAS RENTNERLEBEN IST KEIN FREUDENTANZ

vmn
Verlag M. Naumann

Verbale Vorspiele, dringliche Warnung

Und, wann isses denn soweit?« Fragen dieser Art werden weltweit sicher häufig gestellt. Sind sie an ältere Männer im germanischen Sprachraum adressiert, kann es sich kaum um den Zustand eines Schwangerschaftsdickbauchs im achten Monat handeln – sondern um die anstehende Rentnerzeit.

Bei mir war es Ende November 2008 der Fall. Man muss schon von ›Fall‹ schreiben, um die anfänglich noch verborgene Dramatik dessen, was da auf einen zukommen kann, in ein Wort zu kleiden. Hier haben wir also eine Vorwarnstufe. Und: ›Fall‹ ist noch minimalistisch formuliert. Denn wie eine Hydra kann sich dieses nun neue Leben auf einen stürzen: gnadenlos, zermalmend, alle geschmiedeten Pläne vernichtend, fast einen selbst. Natürlich nur, wenn die Voraussetzungen gegeben sind. Bei mir war das so, ist das so.

Unter Umständen kann dieses Buch nun den einen oder anderen angehenden Rentner vor fürchterlichen Reinfällen bewahren, vor Selbstaufgabe, suizidalen Neigungen – vorausgesetzt, er liest es rechtzeitig: weit, weit vor dem Rentenstand!

Für die einen segensreiche Warnung, kann es für andere nun die überfällige schriftliche Bestätigung längst erlittener Qualen sein – und somit Grundlage einer ideellen Solidargemeinschaft, also einer Gruppe, die sich zumindest im Geiste einig ist über ständig zu erleidendes Elend.

Der Kauf dieses Buches durch Betroffene und das Weiterverschenken an Verursacher kann irreparablen Ärger nach sich ziehen. Fragen Sie Ihren Arzt oder Apotheker.

Sollten diese meine Zeilen allerdings in Frauenhände gelangen, wovor entschieden gewarnt wird, werden Versuche, einigem zu entgehen, mutmaßlich im Keim erstickt. Das kann ich aus eigener Erfahrung feststellen, weil zum Beispiel meine Frau nach der Lektüre festgestellt hat, ich hätte mir alles, was Ihnen jetzt hier begegnet, wollüstig, partnerschaftsfeindlich und weitestgehend unbegründet sowie entschieden übertrieben aus mindestens achtzehn Fingern gesaugt; ein Glück, dass ich nicht über den eigenen Clan geschrieben, mich im Fiktiven ausgetobt hätte. Nichts in diesem Buch sei wahr, weder sie noch die Kinder seien auch nur ein Hauch von Ursache, geschweige denn die Kinder anderer Leute und andere Rentner. Der Rentenstand mit Langschläferei und süßem Nichtstun sei mir und anderen absolut vergönnt. Allerdings, um 0:18 Uhr sei ich gestern Abend aus der Kneipe zurückgekommen, bierdunstig, und hätte um 8:26 Uhr heute Morgen noch in den Federn gelegen. Stimmt.

Wo ist geregelt, wann Rentner nach Hause kommen, wann sie aufstehen müssen?

Ich habe in meinem Leben unzählige Nachtdienste geschoben, beim Roten Kreuz, im Darmstädter Klinikum, beim Rundfunk. Frühdienste auch, da muss man um vier Uhr raus. Abgesehen davon hat oft genug nachts das Telefon geläutet: Polizei, Feuerwehr, hier hat es mächtig gekracht, dort tüchtig gebrannt. In die Klamotten und hin. Was da passiert war, konnte man manchmal sogar live vom Ort des Geschehens, im Radio hören. Das war die Arbeitszeit, das Arbeitsleben. Und das ist ja nun angeblich vorbei.

Jetzt will ich zu frühen Stunden nur noch raus, wenn es in den Urlaub geht, mit dem Auto. Die 840 Kilometer in die zweite Heimat Friuli in Norditalien steckt man so am besten und staulos weg. Ergo habe ich mir nach Jahrzehnten voller um die Ohren geschlagener Nachtarbeitsstunden nun auch mal einen ausgedehnten Kneipengang verdient, mit Langschlaf im Anschluss. Zu Fuß, dreihundert Meter, kein Risiko, wenn Manuel noch einen Grappa ausgibt (oder seltener sein Mitchef Andrea), den Führerschein zu riskieren.

Im familiären Notfall bin ich in zwei Minuten zu Hause. Bin ja ein Handyman. Sorgfaltspflichten, freiwillig auferlegte sind das. Die Familie wähnt sich in Sicherheit, zu Recht. Aber auch das ist eine Form der Kasteiung. Ich kenne Rentner, die fahren 40 Kilometer in Schnitzellokale, weit weg von Weib und Kind. Ich bin beispielgebend. Martin von der Telekom hat mir eine Minilampe geschenkt, so ein Ding, das man als Schlüsselanhänger tragen kann. Damit und barfuß geistere ich nach der Heimkehr durch die nächtliche Wohnung, um ja keinen aufzuwecken.

Vorher trage ich noch die Investition in drei kleine Pils (6,60 Euro) ins Haushaltsbuch ein.

Nur der Umstand, dass die innig geliebte Familie sowie Kenner meines Wesens wissen, dass Satirisches mir nahe liegt, hat mich vor einer Trennung, dem Verlust von Familie, Haus und

Hof in der letzten Zeit bewahrt. Der ›zufällig‹ von meiner Frau vergessene Schmierzettel mit drei Telefonnummern bekannter (und stinkteurer) Scheidungsanwälte, den ich auf einem unkorrigierten Manuskriptausdruck dieses Rentenwerkes gefunden habe, hat meine Schreibkraft wochenlang gelähmt.

Insofern gebe ich den Lesern hier brisantes Material an die Hand, das umgehend zur Versteck- und Verschlusssache erklärt werden sollte.

Abschied ist der Rente Anfang

Wochen vor der Verrentung, wie es so nett im Amtsdeutsch heißt, wurde ich von Kollegen, Freunden, Bekannten bombardiert. Ob ich mich freue, endlich könnte ich mal ausschlafen, oder? Kannste endlich machen, was du willst! Dann haste es hinter dir! Freut sich deine Frau auch schon drauf? Die blödeste aller Rentenstandfragen – obwohl, wie sich inzwischen gezeigt hat, sich meine Frau wirklich drauf gefreut hat.

Urlaub ohne Ende! Haste auch ordentlich eingezahlt, damit tüchtig was rüberkommt? Das hast du dir verdient! (Wieso, Blödmann?) Wieder einer mehr! – Mit solchen Sprüchen muss man leben.

Fragende Weiblichkeiten pflegten da eher den humanen Schongang: Aber nein, schon Rente? Wie alt bist du denn eigentlich? Also, das sieht man dir aber gar nicht an! – Kleine, verbale Wohltaten.

Dann kommt der Tag der letzten Moderation in Kassel bei hr4. Kollegen fragen sich, ob da noch von diesem Alten ein finales Wort kommt, eine feuchte Verabschiedung über den Sender, ein ›das war es‹. Nein. Man wünscht der Hörerschar noch einen guten Tag, geht mit einem inneren Kribbeln, mit dem Wissen, das war es jetzt aber wirklich, zur Mittagskonferenz. Da sitzen sie nun alle, business as usual. Dann ergreift der Wellenleiter höchst besonnen das Wort, der Stellvertreter schleppt eine große Kiste feinen Weines an, es gibt Blumen, Lob und für den Scheidenden Zeit, 35 Radiojahre im Schnelldurchgang Revue passieren zu lassen.

Was waren das für Zeiten, vor 35 Jahren! Keine Handys, kein Fax, keine Computer. Bandmaschinen so groß wie US-Army-Kühlschränke. Übertragungswagen, mit denen man nur senden konnte, wenn zwei Mann auch in klirrender Kälte einen vier Meter hohen Antennenmast zusammenschraubten; ›Schnellübertragungswagen‹ hieß das Fahrzeug. Das können die Jungen ja nicht erahnen, wie das war. Damals. Sie denken, ein ›Fernschreiber‹ ist einer, der einen Brief nach Australien schickt. Oder so ähnlich. Da geht einem einiges durch den Kopf in diesen digitalen Zeiten.

Dann bleibt für 232 Kilometer zurück nach Hause Zeit festzustellen, dass es das nun wirklich war. Eigentlich schade. Keine Chance mehr, beharrlich auf dem Sender nachzufragen, jemanden in die Bredouille zu bringen, einen Scherz zu machen, einen Witz zu erzählen, so zu sein, wie man ist, mit nicht immer weitgehender Billigung der Vorgesetzten.

Keiner wird mehr sagen: »Ei, isch hab disch vorhin noch im Radio gehört. Du hast da mit eim isch weiß gar net mehr über was geschproche.« Vorbei. Vom Rampensau-Dasein in die Versenkung. Vorher Redner, jetzt ein Schweiger.

Das bohrt im Hirn auf der Autobahn, wird aber auch von der Freude verdrängt, jetzt endlich, endlich alles, was jahrelang liegen geblieben ist, auf Vordermann zu bringen. Neue Beete im Garten anlegen, gut dreitausend Fotos chronologisch sortieren, fünf Bücher auf einen Schlag zu schreiben, sich ein neues, ein Literaten-Leben aufzubauen – vorausgesetzt, die Verlage machen mit. Endlich mehr Zeit zu ungewöhnlichen Stunden für die Kinderchen. Ausgiebig Zeitung lesen, Kaffee schlürfen. Mal wieder, wie einst, im Keller-Klub versacken.

Früher sind wir nach nächtlichen Gelagen auf der Direttissima zum Marktcafé gewankt, zu Rührei mit Speck und frischem Brötchen. Das wäre doch mal wieder was! Oder sich einfach auf einen Latte Macchiato in ein Café setzen, wo andere Rentner auch schon hocken, Zeitung lesen, sich die Sonne auf den Pelz brennen lassen. Hehre Wünsche. Träume. Die zweite Abschiedsfeier naht im Studio Südhessen. Peter, den Chef, Frank, seinen Stellvertreter, und mich – uns nennen sie hinter dem Rücken ›die Grauen‹. Hat was mit der Haarfarbe zu tun. Ich verschiebe die Feier auf Januar 2009 und freue mich erst mal auf ein gutes Einkommen.

Rentenbeginn war der 1.12., bis zum 18. habe ich noch weitergearbeitet. Wer kann nach Weihnachten nicht noch Moneten zusätzlich gebrauchen?

Südhessen-Abschied dann mit dem inner circle im ›Ristorante Napoli‹. Ein Reich-Ranicki-Imitator lobt mich von der CD, die Redaktionsküken feiern den Oldie, aber auch Oldies sind dabei, die es eigener Aussage nach auch bald hinter sich haben. Vorrentenstandsgeschwätz. Das Team schenkt mir einen Kochkurs bei Arnim Treusch, dem Schwanenwirt im Odenwald. Ich überlege, was ich ihm noch beibringen soll.

Jetzt, nach einem guten zweiten Rentnerjahr, weiß ich, dass es einfacher ist, ›es‹ hinter sich zu haben als ›das‹ vor sich. Das werde ich hier beweisen.

Kollege Norbert, frisch in Rente, hat sich im tiefsten Bayrischen Wald, in einem Tristkaff namens Spiegelhütte, vor Jahr und Tag die Ex-Dorfkneipe gekauft und ein veritables Paradeisgärtlein daraus geschaffen. »Schreiben, nur noch Schreiben«, das war sein Credo – verkündet, als wir bei Saumagen und anderen Deftigkeiten auf dem Gang vor der Kulturredaktion sein Finale begingen.

Tage später rufe ich Norbert in Bayern an.

»Wir haben gerade vier Fuder Holz für den Winter bekommen«, gurrt mich Gattin Elisabeth an, »der Nosch ist draußen am Holzhacken.«

Der wird mehr Hacken als Schreiben, denke ich, denn die zarte Elisabeth mit der Spaltaxt in der Hand – undenkbar. Genau wie ich in der Rentenfalle. Statt Martin Walser abzulösen, wird der Nosch im Winter Schnee schippen, im Sommer Gartenarbeiten erledigen, sie wird ihn nach Deggendorf zum Supermarkt jagen und morgens um sieben aus den Federn.

Tage später Rentenstandsfeier bei Frank. Alle da. Es gibt Deftigkeiten aus dem Odenwald, Spezereien, genial. Er hat sich mit Gabi ein altes Forsthaus zugelegt, von dem der Franzose au cule du monde sagen würde, was vornehm klingt, auf deutsch aber ›am Arsch der Welt‹ heißt. Frank wird jetzt erst einmal vom hintersten, tiefen Odenwald zu Fuß nach Kassel laufen. Ansonsten gibt es noch den Jakobsweg und meinen Nachbarn Arno Amthor, der jüngst von Weiterstadt nach Bethlehem gelaufen ist. So kriegt man die Zeit auch rum, aber nicht die ganze. Weil man selbst von Kassel oder Bethlehem wieder nach Hause kommt, und dann saust es doch runter, das Schwert des Damokles.

Gabi ist noch im Job; Frank wird merken, dass da einiges an ihn delegiert werden wird. Jetzt, wo er ›da‹ ist, wird er merken, was Gabi, die tüchtige, ihm jahrelang alles abgenommen hat. Das kriegt er unter Umständen so fett zurück, dass er nie zu seiner Kassel-Tour kommt. Oder er geht hin und bleibt gleich da.

Freund Hasso haben sie umjubelt bei der Deutschen Börse, ich durfte beim Gang in die Rente Gast sein. Jetzt ist er seit zwei Jahren Hausumbauer. Neue Terrasse, Teich zugekippt (jetzt wird doch ein neuer angelegt), Trockenmauer, Kinderzimmer ausgeräumt, Garten neu angelegt, gerade eben aus Las Palmas zurückgekehrt, wo er sich ein Mercedes-Cabrio, Baujahr '93, geholt hat. Auch so geht die Zeit rum. Die Kinder sind raus, Haus- und Putzfrau sind tüchtig. Hasso ist inzwischen Spezialist für die Planung von Kurzreisen. Aktuell steht Timmendorf plus Abstecher nach Meckpom auf der Liste.

Währenddessen schraubt Marco – er hat noch zwölf Jahre Zeit bis zur Rente – an seinem Steyr-Militärlastwagen. Aus dem soll ein verdammt geländetaugliches Wohnmobil voller Aggregate, Solaranlagen und Seilwinden werden. Dann werden Rentner Marco und Rita ihren Bauernhof (am Arsch der Welt) verkaufen und eine Never-come-back-Weltreise antreten. Auch bei ihnen sind die Kinder aus dem Haus, das sie vor der Abreise ins Nirwana verhökern wollen. Ich gönne allen ihre Pläne, bin aber mehr als skeptisch, was die Realisation angeht. Ich hatte ja auch welche.

Bernhard, hauptberuflich Politiker, ging in Rente und eröffnete sofort eine Anwaltskanzlei. Die Tochter, die aus dem Haus war, ist jetzt wieder drin, packt mit an. Und er ist echt ein Rentner, der keine Zeit hat. Freitag fahre ich mit Junior Tim hin, um im Garten Büsche zu schneiden. Weil ich Rentner bin, aber doch noch Zeit habe. Nicht viel, wegen der fünf Bücher. Dies ist ja nur eins davon. Auch nicht viel, weil es da noch andere Dinge gibt. Die werden noch benannt.

Richie, Ex-Behördenpräsident, ist mal hier und mal auf einem mittelmeerischen Eiland samt Christa. Zwischendrin planen sie Kurzurlaube, Skiabfahrten, Saunagänge, Tennisspiele. Geht auch.

Bert, den alle kennen in der Republik, hat seinen Professor an den Nagel gehängt und bei einem Zaster-Konzern angeheuert. Keine Zeit! – das hört man von ihm ständig.

Meine Schwiegereltern, natürlich ebenfalls Rentner, vergeigen ihr Gespartes mit Weltreisen, verirren sich in Kenia im Busch oder ruhen sich davon am Timmendorfer Strand aus.

Erich, einst populärer Tankstellenbetreiber mit Stammkundschaft, hörte auf, fing nebenher wieder bei einer Tanke an, verrät mir dieser Tage, er sei jetzt Tankstellenleiter, demnächst mit Personalhohheit, er würde dann umgehend seine ebenfalls verrentete Gattin bei sich wieder einstellen.

Alles nett, plausibel. Mit 65 schon abhängen? Nee! Alle Genannten aber haben eins nicht: zwei flügge Kinderchen. Auch sind sie keine alten Väter so wie ich. Der Stoff, aus dem die eingangs erwähnten Dramen entstehen. Obwohl es die auch gibt, wenn man als Rentner im Haus ist und die Kinder draußen. Wird mir mancher Recht geben.

Die Rentner in meiner Nachbarschaft, alles ziemlich überaltert in unserer Straße, muss man öfter mal Kränze oder Buketts spendieren, laufen viel. Oder sind mit dem Fahrrad auf Achse. Bild-Zeitung von der Tanke holen, Kippen, mal schauen, wie weit die Brombeeren gediehen sind – und immer auf der Lauer, an irgendeinem Gartenzaun einen zu sehen, mit dem man ein Schwätzchen machen kann. Jetzt, wo das ›Loop 5‹ um die Ecke gebaut ist, ein Einkaufszentrum mit 177 Läden, reicht das gut als Rentneraufreger. Wie kommt man da mit dem Fahrrad hin? Werden eigens Fahrradwege gebaut? Überall Rentnergruppen mit Rad, die eingeleitete Umleitungen studieren, virtuelle Fahrradwege in die Luft zeichnen, die wohl nie eingerichtet werden. Der Bürgermeister soll damit konfrontiert werden. Bei einer anstehenden Wiederwahl ist mit den Rentnern zu rechnen. Und es werden immer mehr. Kann weh tun, dem Bürgermeister.

Die Vorgärten in unserer Straße würden jegliche ›Unser Dorf soll schöner werden‹-Aktion in den Schatten stellen. Gepflegt ist kein Ausdruck. Was will man machen, wenn man keine zweite

Heimat im Mittelmeer hat, keine Mandanten, kein Rentengeld für Weltreisen? Rasen mähen. In schwarzblaue Zaungitterstäbe weiße Rhomben malen und dann mit dem Marderhaarpinsel eine geile Goldkante auftragen. In der warmen Jahreszeit alles voll mit knienden, sich bückenden Rentnern. Löwenzahnkiller, die nix im Sinn haben als den nächsten Erscheinungstermin der ›Bild‹. Sie kratzen immer wiederkehrendes Unkraut aus Ritzen, kehren Bürgersteige, schneiden Äste, die sich über Zäune wagen. Oder sie bauen sich aus Sperrholzplatten drei knatternde Windmühlen, hinter denen Pampasgras wächst, mit kauerndem Plastikreh mittendrin. Auch eine schöne Arbeit, Beetkanten mit Flaschen, Kopf nach unten eingegraben, zu arrondieren. Zeitraubend, wie schön! Rosen und Hecken schneiden, zum Seniorentreff schlendern, über geschnittene Rosen und Hecken debattieren.

Auch beliebt: Neubau gucken. Tagtäglich verändert sich da was. Man nimmt gehörig Abstand, die Hände auf dem Rücken gefaltet, den Kopf nach hinten geneigt. Vorne die ›Toi-Toi‹-Toilette, daneben Paletten voller Steine. Den nächsten, der vorbeikommt, fragen, was denn da rein soll. Aktueller Sachstand: eine Apotheke, ›Edeka‹, ein Notarzt-Zentrum, ein Billigklamottenmarkt. Das sollte man weitergeben. ›Aldi‹, kein Notarzt und keine Apotheke, wissen andere. Wieder Zeit vergangen.

»Sie sind ja jetzt auch dehaam«, wird da schon mal beim Treff auf der Straße konstatiert. Dabei gehen die Augenbrauen der Frager nach oben in Erwartung geiler Antworten. Auftakt zur Gesprächsverwicklung. Man könnte über die anstehende Maikäferplage reden. Und über den Unbekannten, der dieser Tage überall klingelt: »Löschke, Dachdecker. Wir sind gerade um die Ecke und könnten bei Ihnen Dach oder Fassade machen.« Ein Klinkenputzer? Vielleicht. Doch wir gehören ja zu den ›aufmerksamen Nachbarn‹, so was wird gemeldet beim dritten Polizeirevier, man weiß ja nie.

Und gibt es einen Hit, einen Treffer, haben sie beim Skoda-Händler um die Ecke nächtens mal wieder alle Navis geklaut, dann klingelt das Telefon, eine sonore Bandstimme teilt mit: »In der vergangenen Nacht sind bei Skoda-Deutschland aus vielen Fahrzeugen Navigationsgeräte entfernt worden. Bei dem Tatfahrzeug könnte es sich um einen weißen BMW mit Frankfurter Kennzeichen handeln, der vermutlich drei Insassen hatte.«

Ein Thema, das nun auf der Straße liegt, besser, das dort diskutiert wird. Obwohl der Angesprochene auch als ›aufmerksamer Nachbar‹ die Präventionsmitteilung erhalten hat. Wieder ein paar Lebensminuten hinter sich gebracht.

Rentnerplaudereien. Doch ich wollte ja bei der Vorgeschichte, dem Vorlauf zum Rentnerstand bleiben.

Rententechnische Vorgeschichte

Bis es soweit ist, dass man es wird, also Rentner, sollte man sich vorbereiten. Zum Beispiel bei dem netten Herrn von der Rentenberatung. Ich danke ihm, dass er mich nicht erwürgt hat; er wäre frei gesprochen worden.

Wie wird man Rentner? Automatisch. Ja, schon. Man erreicht die Altersgrenze, gelangt ins Rentenalter. Und ständig geistert dieses Rentner-Wort durch die Gegend. Man überlegt, was da bei Zeiten zu unternehmen ist. Sich vielleicht bei eBay ein Fahrrad mit Gesundheitslenker und arschfreundlichem Sattel ersteigern. Mit Gepäckträger und Packtaschen. Direkt bei ›Aldi‹ oder ›Lidl‹ vorfahren. Wo man sie dann trifft, die anderen. Natürlich nur zu Stoßzeiten, damit die Berufstätigen das Schlange-Stehen erlernen. Drei Euro vierundsiebzig. Die hat man klein dabei. Fünfzig, sechzig, siebzig. »Die vier Cent habe ich auch noch für Sie.« Man will ja der Kassiererin Gutes tun. Auf dem Band schmilzt die Butter. Hinten, die in der Schlange, atmen lauthals durch.

Doch bevor es zu dieser neuen Form einkaufstechnischer Kurzweil kommt, heißt es erst mal: Rentenberatung. Fehlzeiten abklären. Fehlzeiten – also Zeiten, die es weder gab noch gibt – sind trotzdem welche. Sie haben sich aus einem Leben davongestohlen, obwohl man sie verbracht hat. Weg, verschwunden. Unglaublich. Man hat, während das Leben weiterlief, die Kanzler wechselten, nicht nur Tage, sondern

Wochen, Monate gefehlt. Also rententechnisch. Das sind Zeiten, die bei der Rentenberechnung wieder beigezaubert werden sollen. Ein Griff ins Nichts, wenn es lange her ist mit diesen Zeiten.

Wo sind eigentlich – quälende Frage – vier Jahre meines Lotterlebens geblieben? War ich im Knast, ohne es zu wissen? Litt ich unter Paranoia? Sind das erste Anzeichen von Alzheimer?

Da sitze ich nun bei der Rentenberatung diesem netten Riesen gegenüber. Er sagt mir, er kenne mich von irgendwoher, schnauft. »Können Sie mir auf die Sprünge helfen?«

Ja, hätte ich sagen können. 35 Jahre Reporter und Moderator beim Hessischen Rundfunk. Ich bin berühmt, populär, wenn Leute meine Stimme hören, stoppen sie an der Supermarktkasse den Zahlvorgang. Mir winken ganze Busladungen zu, mach' ja auch Fernsehen. Es gibt jede Menge siebzigjähriger Mädels, die gerne was mit mir hätten. Was glauben Sie, was ich für Post kriege! Gedichte, Fotos, heiße Telefonnummern. Wer sich alles nach mir umdreht – ganze Massen, tuschelnd: »Das isser!« Ich darf in keine öffentliche oder Kneipentoilette ohne Spritzschutz gehen. Die Männer drehen sich beim Pinkeln zu mir um, machen mir die Hosen nass, wenn sie sagen: »Ja, sind Sie nicht …?«

Aber wenn er mich von ›irgendwoher‹ zu kennen glaubt, nee. Dazu habe ich nichts zu sagen. Wo mich doch Hinz und Kunz kennt. Noch.

Wir klären weder unsere Bekanntschaft noch meine vier fehlenden Jahre. Ich soll nachdenken.

Er lächelt. »Zeit ist in diesem Fall Geld. Haha!«

Mir fällt die Höhere Handelsschule ein.

Er freut sich, strahlt. Da würden ihm Zeugnisse genügen oder eine Bestätigung des Direktors.

Wohin könnte ich vor 46 Jahren diese Zeugnisse gelegt haben? Hat mein Vater sie mit ins Grab genommen? Sind sie in einem dieser Aktenordner, die ich zur Müllverbrennung gefahren habe? Wieso braucht man mit 65 noch Zeugnisse? Andererseits habe ich meinen Führerschein noch, Baujahr 61. Also aus dem letzten Jahrhundert. Auf dem Foto innendrin ein junger Mann mit Messer-Haarschnitt. Auf der Außenseite, der abgewetzten, zu erahnen, dass da mal was draufstand.

»Das kann man nicht mehr lesen«, monierte ein Hauptkommissar bei der letzten Kontrolle. »Den müssen Sie abgeben, der geht nicht mehr.«

Seit wann ›gehen‹ Führerscheine? Ist es meine Schuld, dass damals, beim Ausstellen, schon das Farbband alle war? Den Lappen habe ich aufgehoben, weil ich ihn brauche. Aber Zeugnisse?

Es reiche, wenn ich Zeugnisse oder Bestätigungen später mal vorbeibringen würde. Wir hätten ja noch Zeit, sagt der Rentenmann freundlich. ›Wir.‹ Mir fallen andere Ämter ein, andere Bedienstete. Die hätten bei meinem Gegenüber mal einen Lehrgang machen sollen. Das aus der Mode gekommene Wort ›entgegenkommend‹ rauscht mir durch das Hirn. Dieser Herr reißt sich den Arsch auf für mich. Der Vater aller Dienstleister – Begeisterung macht sich breit. Den müsste man zum Freund haben. So was von hilfsbereit, geduldig.

Ich rechne. Der Schuldirektor war schon damals grauhaarig. Er müsste jetzt ungefähr 115

Jahre alt sein. Oder 118. Tage später klicke ich im Net ›Das Telefonbuch‹ an, den Umkreisfinder. Es könnte ja eine Witwe geben. Eine, die der Direktor als Alter gefreit hat und die deutlich jünger war; soll ja ein ziemlicher Bock gewesen sein, der Schulchef. Denkbar, dass die Witwe sämtliche Schulakten in einem geräumigen Keller verwahrt, ordentlich in Regalen, so eine Art Birthler für Handelsschüler mit verlegten Unterlagen.

Erfolglos. Zwei Jahre weg – und die Knete dazu.

Was hat er gesagt? »Auch Ausbildungszeiten, Praktika rechnen wir gerne an, wenn Sie es hier belegen können.«

Ich denke, ich bin gar nicht beim Amt. So höflich, so hilfreich. Wie der mit dem Geld von der Rentenkasse umgeht. »Vielleicht war da noch was?«

Ja, da war was. Das Praktikum in der Chirurgischen Klinik, Internmedizin, dann das in der Psychiatrie in Goddelau. Mein Job als Funker und Telefonist beim Krankentransport. Meine Nachtdienste im Klinikum.

Erneute Terminvereinbarung. Ich lasse ihm einen halben Schuhkarton von Rentenbelegen, attestierten Ferienjobs da und verspreche wiederzukommen.

Zwei Jahre habe ich ab und an in der Nacht und am Wochenende als Funker beim DRK-Krankentransport gejobbt. Wann war das? Mir fällt Heidi aus Offenbach ein. Fällt in die gleiche Zeit. Mit Heidi war ich zusammen, als ich siebzehn war. 64 minus 17. 2008 minus 47. Aha. Das muss also um 1967 gewesen sein. Geht nicht, da war ich in Paris. Das DRK weiß auch nicht mehr, was ich dort um '67 herum getrieben habe. Und ob überhaupt. Warum auch? Und für Aushilfen habe man nichts an die Rentenversicherung abgeführt.

Ich denke tagelang öfter dran, wann das mit Heidi war, dann an jene Nacht, in der beim Krankentransport und mir irgendwer anrief aus Lützelbach im Odenwald, um einen schnellen Sanka (Sanitätskraftwagen) wegen einer anstehenden dramatischen Sturzgeburt zu bestellen. Im Halbschlaf hatte ich »ja, kommt«, gesagt, Günther Meinhardt aus dem Bereitschaftsbett geworfen und losgeschickt. »Wo genau in Lützelbach?«, fragt Günther verschlafen. Scheiße! Er ist dann so lange im stockdunklen Lützelbach auf und ab gefahren, bis einer mit einer Taschenlampe kam und wusste, wo die Wehen tobten. Treffer! Aber nicht bei meinen Unterlagen. Nix da.

Dann bin ich Tage später mit meinem roten Ordner wieder bei dem Riesen. »Parken im Hof für Besucher gestattet.« Ich rechne damit, dass es Käsetorte und Latte Macchiato aufs Haus gibt. Er ist wieder so freundlich, dass ich ein Buch über ihn schreiben möchte, das sämtliche Amtsdiener der Republik in den Suizid treibt.

»Was haben wir denn da? Ja, prima!«

Er räumt Schreibutensilien zur Seite, schafft Platz. Breitet meine vergilbten Zettel aus. Mit Gemütsruhe sortiert der Riese mein Leben. Muss der das überhaupt? Wirft einen (sehr freundlichen) Blick auf den roten Ordner.

»Sollen wir den mal durchgehen, wenn Sie mögen?« Ich mag.

Er will unbedingt Rentengeld loswerden. Oder er weiß, dass ich Journalist bin. Vielleicht denkt er, ich bin Undercover da, und demnächst gibt es ein radiophones Porträt von Deutschlands nettestem Rentenberater. Er gräbt sich in die Papiere. Tut so, als wäre mein Chaos aus quittengelb-angebraunten Unterlagen mit verwischten Stempeln und krakeligen Buchhalter-Unterschriften eine Bagatelle. Wie peinlich! Er blättert interessiert, aber doch irgendwie amtlich neutral im roten Ordner. Wir müssen ja nicht die Gebrauchsanweisungen für mein Ableben durchackern, die er gerade durchfingert.

All die vorzutragenden Lieder von Brel und der Piaf. Ja, ich habe es geregelt. Erdbestattung, eine gigantische Schar Trauernder, die jede Friedhofskapelle sprengt, still, verzweifelt schluchzend meine Lieblingslieder hörend. In der ersten Reihe meine Witwe, die Kinder, blass, verzweifelt, vielleicht ahnend, dass sie künftig ihre Zimmer selbst aufräumen müssen. »Amex-Karte sofort nach meinem Tod kündigen. Auch Journalistenverband, Opferhilfe.« Ich will es meiner Witwe ja leicht machen.

Er blättert, fahndet, sortiert. Ab und an freut er sich, wenn er wieder einen Beleg für abgeführte D-Mark auftreibt.

Ich denke in der Zwischenzeit an drei frische Witwen aus unserem Freundeskreis. Mit der einen habe ich am Hausaltar, eigens nach dem Ableben eines wertvollen Freundes aufgebaut, geheult. Die andere habe ich nach der Trauerfeier stützend vor einem Kollaps bewahrt. Der dritten habe ich Gebrauchsanweisungen fürs Überleben notiert: Bloß jetzt die Aktien nicht abstoßen, Erläuterungen zum Miet- und Nachbarschaftsrecht – sie hat mich fast geliebt dafür. Alle drei haben neue Partner. Kaum ein Jahr vorbei. Vergessen all die Schwüre in den Todesanzeigen, vergessen die Einzigartigkeit des guten, lieben, treuen, fürsorglichen Dahingeschiedenen. Alle drei haben abbezahlte Häuser geerbt, Einiges auf den Bankkonten.

Der Rentenriese studiert Quittungen, macht sich Notizen.

Ich denke an einen unbekannten Kerl, der mit meiner schönen verwitweten Frau rummacht, der in meinem Garten wütet, meine edlen Jugendstilsachen unter Preis auf Flohmärkten verkümmelt, sich mit meiner Witwe einen schönen Lenz macht. Der dann vielleicht garstig zu den Kindern ist, und meine Alte kauft ihm Steaks von meiner Rente. Ekelhaft!

»Sehen Sie hier, das können wir gebrauchen. Da ist an die AOK abgeführt worden.« Der Rentenfreund reißt mich aus meinen traurigen Gedanken. »Aber wir könnten ja noch mehr finden. Sie haben so viel gemacht in Ihrem Leben.«

Ich sage: »Zum Beispiel das Zeitungsvolontariat.«

Er nickt freundlich. »Das war immerhin ein Jahr.« Und strahlt wie Harrison Ford beim Schatzfinden. Jede neue Entdeckung eine kleine Plünderung der Rentenkasse. Kein Wunder, dass bei denen die Reserven knapp werden.

Jetzt fehlen nur noch drei Jahre. Ich würde

gerne fragen, was das bringt, so ein Jahr. Wie viel Schotter, cash auf die Kralle. Aber das wäre doch zu profan. Also raus mit den Praktikabelegen.

Er nickt anerkennend. »Na, sehen Sie, das läppert sich. Denken Sie mal nach, was da noch so war.«

Peter Stockinger, schießt es mir durch den Kopf. Meine Satiren für den damaligen SWF.

»Unterlagen, die das belegen, rechne ich Ihnen gerne an. Also wenn da an uns abgeführt wurde.«

Sicher, die meisten, die mir Brot und Arbeit gaben, haben eingezahlt in die Rentenkasse. Automatisch. Aber offenbar nicht alle.

Wo habe ich eigentlich Unterlagen, die gute 40 Jahre alt sind, aufgehoben, nachdem das Finanzamt immer wieder eindringlich verkündet hat, nach zehn Jahren kann man den Plunder wegschmeißen? Warum schreiben die Hornochsen nicht in Klammer dazu: (Wenn Sie Bock haben, heben Sie das Zeug auf. Im Jahr 2031 kann es für Sie hilfreich beim Rentenantrag werden.)? Nix.

»Sie haben bei der Firma Schenck gejobbt, beim Hoppenstedt-Verlag; beim Schreibwarenhändler.«

Tröstlich wie ein Klinikprofessor, der die Rettung vor dem Tod verkündet, beugt er sich über den Tisch, strahlt mich lieb an. »Sehen Sie, das läppert sich. Konnten Sie den Schuldirektor auftreiben?« Ihm fällt ein, dass es sich um eine Privatschule handelte. »Da haben Ihre Eltern ja wohl Geld für bezahlt. Wenn es dafür noch Belege gibt, könnten die nach Prüfung ausreichen«, freut er sich.

Seit ungefähr 47 Jahren müssten sich diese Belege ja irgendwo befinden. Vorausgesetzt, mein Vater hätte sie aufgehoben. Denkbar – er war ja echter Hanseat und Kaufmann. Immerhin fanden wir im Safe der Stiefmutter die Konfirmationsurkunde meiner Mutter. Und einen Hinweis darauf, dass mir eventuell ein Grundstück in Aglasterhausen im Badischen gehört.

Ich frage den Riesen scherzhaft, ob er sich die ›Aldi‹-Quittung von der Vorwoche aufhebt.

Er lächelt milde. »Wenn es Sinn macht, ja. Manchmal geht es da ja auch um Garantiezeiten.« Eigentlich könnte er nun endlich mal ›Arschloch‹ zu mir sagen oder: ›Was juckt mich Ihre Rente, Sie Depp, wenn Sie Ihren Summs nicht beieinander haben? Ist doch Ihre Kohle, Mann!‹

Mein Job beim Kunstbuchbinder Ernst Rehbein kommt hinzu.

Er studiert fünfzehn Zentimeter lange, einen Zentimeter schmale Zettelchen aus der Vor-Computer-Zeit, die irgendein Buchhalter in Sütterlinschrift mit Daten bekritzelt hat. »Wenn Ihnen das die AOK noch bestätigt, hätten wir noch drei Monate.«

(Leider hebt auch die AOK die alten Zettel nicht jahrzehntelang auf, stelle ich später fest. Auch die ›Barmer‹ nicht. Eigentlich niemand. Insofern befinde ich mich in guter Gesellschaft.)

›Zettels Traum‹, geht es mir durchs Hirn. Da hast du als Jungspund mit fünfzehn Jahren diesen wahnsinnigen Autor Schmidt gekannt, diesen genialen Zettelsammler mit der ernsten Miene und der beeindruckenden Intellektuellenbrille, hast ein gewidmetes, handsigniertes Exemplar im Bücherschrank – und deine Zettel hast du weggeschmissen.

Ich rechne, während der Riese Hieroglyphen studiert. Wenn es nur zwanzig Euro im Monat mehr wären, hätte ich die Zettel, dann macht das 240 im Jahr. Werde ich, wie geplant, 75, dann sind das 2400 Euro. Die könnte ich bei der ING-Diba für 2½ Prozent als Festgeld anlegen. Das wären dann pro Jahr … Überdauere ich – na ja. Hat sowieso keinen Sinn.

Er pusselt, notiert, kopiert, bestätigt. Wir finden noch zwei absolvierte Praktika.

»Ich hätte Ihnen sehr, sehr gerne geholfen. Doch wenn wir es nicht belegen können … vielleicht mögen Sie noch einmal nachdenken?«

Wir beide, der Rentenberater und ich, hatten keinen Anlass, auch nur den geringsten Gedanken im Sommer '08 an den Deutschen Bundestag zu verschwenden. Ich erwähne es deshalb, weil ich mein Fehlzeitengeld ja nun doch indirekt bekomme seit einiger Zeit. Als hätte man das im Parlament gewusst, haben die doch prompt auf die Rente einen draufgesattelt. Für den Standardrentner eine freudige Erhöhung, für mich Schadenersatz für die beleglose Zeit.

Meine Frau hat mir jetzt einen Zettelkasten gekauft. Wir heben nun gemeinsam alles auf. Vielleicht macht es ja Sinn. Und meine Witwe kann später mal Marlboro mit einer Millionenklage überziehen, weil ich mir an der Tanke jedes Päckchen quittieren lasse.

KLEIDERFRAGEN

In einem Land wie dem unsrigen ist ja alles irgendwie geregelt, auch ohne Gesetze und Verordnungen. Das gebieten der Anstand, die Hausordnung, die Tradition. »Das gehört sich eben so«, wie es mein Vater immer festgestellt hat.

Es gibt kein Gesetz, das Frauen in Führungspositionen schwarze Hosenanzüge, gelegentlich auch Schlipse vorschreibt, aber sie rennen so rum. Auch dass FDP-Leute neoliberale Knallfarbenschlipse zu Kaschmir-Jacketts tragen – nicht vorgeschrieben.

Für Rentner gibt's, könnte man denken, auch keine Kleiderordnung. Weit gefehlt! Auf dem Weg zum Rentner habe ich mich umgeschaut. Und siehe da: Es gibt eine deutsche Rentneruniform. Ihr Vorhandensein resultiert aus der Ware pfiffiger Geschäftsleute, die sich offiziell ›Herrenausstatter‹ nennen, aber eher Bestatter sind, denn was sie ins Schaufenster legen und stellen, verbannt den Mann im Ruhestand in Saharasandfarben. Oder noch schlimmer: in Grauzonen.

Geschäfte, auch Kaufhäuser mit entsprechenden Abteilungen zielen mit ungeheurer Brutalität auf Senioren ab – allerdings nicht mit Levi's-Jeans und Docker-Stiefeln, nicht mit Signum-Hemden und Coke-Socken, sondern mit … gedeckten Farben. Diese Rentenmänner-Farbenwelt erstreckt sich vom langweiligen Chamois bis zum dezenten Beige, in gewagter Ausführung auch hin ins changierend Bräunliche, aber das ist schon der Horizont.

Da Farbe allein kein Textil ergibt, kommt das Funktionelle hinzu. Jene Menschenhasser, die für Schnitte zuständig sind, werden offenbar von der Grundeinstellung inspiriert (nee, das Wort passt nicht!) … vergiftet (richtig!), dass der ältere Mensch – hier der Mann – es bequem haben will; léger, würde der Franzose sagen. Ja, von wegen! Also erfindet man einen Schlapper-Look. Der beginnt bei Bequemjacken in zurückhaltender Sandfarbe mit schräg angesetzten Taschen, damit die müden Rentnerhände oberhalb des Gummizugbunds abgeschlafft hineinrutschen können. Geöffnet und geschlossen wird diese ›Freizeitjacke‹ vermittels eines Reißverschlusses, der sich bis zum Adamsapfel strangulierend hochziehen oder auch auf Halbmast setzen lässt. An den Ärmeln Strickbündchen, die nett und wärmend das durch jahrzehntelange Schufterei strapazierte Handgelenk des Rentners umschmeicheln; ein aufgenähtes rundes Stoffstück schützt den Ellenbogenbereich davor, durchgescheuert zu werden.

Unter der Jacke, gern mit Strickbündchen, wird oft ein einfarbiges Hemd getragen ohne jeglichen Taillenansatz – eine Art Airbag für Alte in Farben, die den Namen nicht verdienen. »Steht Ihnen prima«, verrät Yüksel oder Achmed, dabei mit 17 Lebensjahren auf 30-jährige Verkäuferpraxis zurückblickend.

Muttern mustert, nickt erfreut. »Steht dir wirklich gut, Babba.« Der (Depp) nickt ebenfalls.

»Die Hose Ton-in-Ton, das würde ich Ihnen

schon sehr empfehlen.« Abdallah zeigt sein wunderschönes Gebiss. »Die haben wir in Pygmäengelb oder Safranrisotto. Das korrespondiert. Hier in Autofahrerausführung mit Bequembund, den Sie bis auf den Rücksitz verstellen können ... Hier mit Elastosanisangürtel, Juckreiz vermeidend ... Oder mit Supersenso-Gummibund, damit der Gürtel nicht auf den Bauch drückt. Ohne Aufschlag am Bein, kann nichts drin hängenbleiben.«

Auch die Bauchhose sieht gut aus – ein modetechnisches Monstrum, das allerdings den Einsatz von Hosenträgern verhindert. »Der anatomisch korrekte Unterbauchschnitt ermöglicht das bequeme druckfreie Tragen auf der Hüfte.«

In meinem Freundeskreis gibt es keine Dicken. Ja, Hans, dicklich. Frisst zu viel, zu fett. Vor einigen Wochen hat es ihn gerafft. Er fuhr nach Fulda, und als er ankam, wusste er gar nicht, dass er da war. Komplizierte Sache im Gehirn samt Gleichgewichtsproblematik im innersten Innenohr. Abnehmen könne hilfreich sein, hat ihm der Professor empfohlen. Und es etwas langsamer angehen lassen. Hans ist noch kein Rentner, aber Jäger. Killertrieb. In unserer Region gibt es keine Füchse mehr. Weil Hans – wie Edith stets berichtet – ›draußen‹ ist.

Mutter zerrt den Vater weiter durch die Einkaufszone. Tagelang hat ihm vor dieser Tour gegraut. Aus eigener Erfahrung weiß er: Wenn ein Kerl ein Hemd oder eine Hose kauft, dann sieht er es oder sie, schaut auf den Preis, probiert, kauft und geht. Weibliche Einkaufsgene sind anders strukturiert. Da gibt es Vergleichsgene und solche, die dafür Sorge tragen, dass man 13 Geschäfte aufsucht. Fachverkäufer werden genervt oder gesucht, Umverpackungen aufgerissen, Fragen nach der Waschbarkeit, dem Textilmix, dem Viscoseanteil gestellt. Mit einem Berg von sieben Hemden und neun Hosen wird das männliche Opfer in die Umkleide geschickt, die erst besetzt und dann zu eng ist. Wie soll man den ganzen Krempel auf einen einzigen Haken hängen?

Ähnlich wie einst beim Kreiswehrersatzamt kommt es dann nach diversen Verrenkungen in der Kabine draußen zur Musterung.

»Geh mal ein bisschen auf und ab, damit ich sehe, ob die Hose gut auf den Schuhen aufliegt.«

Der Betroffene schiebt seit zwei Stunden Hunger, Mutter ist unerbittlich.

»Bei deinem kleinen Hintern schlappert das zu sehr.« Die nächste Hose schlappert nicht, sitzt hart auf den Pobäckchen auf, lässt aber die Knöchel rausschauen.

Ein weiteres Gen sorgt in der Regel dafür, dass der Alte zwar ordentlich, aber bloß nicht zu flott aussehen soll. »Solche Farben in deinem Alter? Also, ich bitte dich!« Da ist sie triebgesteuert. Gefallen soll er schon, aber keiner anderen. Jugendlich fit soll er nicht daherkommen. »Was macht denn das für einen Eindruck in deinem Alter!« Rumms! Wieder eins auf die Birne.

Stunden vergehen, die Füße tun weh, der Magen knurrt.

»Jetzt schauen wir noch mal eins weiter«, verkündet Mutter und peilt interessiert einen Stapel superflexibler Stoffgürtel mit genialer Verstellmechanik an.

Vater nickt und schleppt sich weiter. Nix mit dem schönen Pils im Biergarten.

»Unmöglich, die Socken. Und auch noch mit Aufschrift. Du bist doch keine Litfaßsäule.« Freudig erspäht die Gemahlin im Sockencenter wenig später beige Socken, überlang bis zum Knie mit verstärktem Polyurethanfersenansatz und Zehenscheuerkante. Altershautfarben – herrlich! Gekauft. »Gerade der Bequemslipper darf als ausgesprochen fußfreundlich beschrieben werden, hier in Dottermild, in fast Khaki oder Grau-Orange, mit Bio-Fußbett, hornhautgerecht, bakterizid gegen offene Hühneraugen.« Und schon hat Heiderose al-Khazar das Paar Schuhe samt Socken verkauft. »Mit integrierter Luftfederung. Man spürt gar nicht, dass man läuft.« Aber das Herumstehen verspürt Mann.

Derart ausgestattet, lässt es sich nun überaus bequem flanieren. Der neu gekaufte Look sieht nach Freiheit und Freizeit aus, nach Rentner sowieso – doch die Sonne scheint, das Haar ist rar, da erspäht Muttern im ›Chapeau‹, dem Hutladen für den Grandseigneur, ein mattkorngelbblasses Hütchen, das dem abgelegten von Erich Honecker trefflich ähnelt. »Und sehr leicht, sehr, sehr leicht«, sagt lächelnd Efraim Kültürmün.

Jetzt noch rasch zu ›Aufi geht's‹, dem Trachtenladen mit dem Almigurt-Look, der ›Tiroler Buchensteckerl‹ stützt nun Vaters rechte Seite, die Spitze aus V2A-Stahl klappert martialisch ganz besonders auf Kopfsteinpflaster. Da fällt Muttern noch die praktische Umhängetasche ein. Breiter Gurt – die armen, alten Schultern. Zum Glück ist sie in Sommerblumenumbramatt zu haben und diebstahlsicher noch dazu – es sei denn, man passt nicht auf und lässt sie irgendwo liegen.

Er träumt vom Pils mit sattem Schaum.

In belebtem Kontrast zum Sahara-Typ findet sich natürlich auch die Grauzonen-Ausstattung, basierend auf dem gleichen Grundschnitt, aber doch mehr in sympathischem Gedämpftschwarz daherkommend wie eine zart getönte Gewitterwolke, zu der sich auch in Herbstzeiten kanadische Flanellhemden in groben Rautenmustern hinzugesellen dürfen, dunkelbraun mit dunkelgrau im Wechsel, schwarz abgesetzt.

Auch der Figaro bei ›Hairworld & Bodyculture‹ erbarmt sich. Die Ohren frei, der Nacken kurz, die Seiten auch. Dem alten Bock schaut sowieso wohl keine mehr nach.

Reden wir nicht von eingewachsenen Zehennägeln und was man dagegen tun kann, aber Müßiggang ist aller Freizeitjacken Anfang. Und wer nicht aufpasst oder der Alten lauthals Widerworte gibt, läuft so wie beschrieben rum.

Dass man Lebenszeiten bei Einkaufsbummeln verlieren kann, ist bekannt. Ist die Frau dabei, können sich Jahre zusammenläppern. Das sind denn auch Fehlzeiten, weil einem Lebensqualität geklaut wurde, aber rententechnisch fallen sie nicht mehr ins Gewicht.

Wo die Vorschrift herkommt, dass Rentner graue Socken zu braunen Bequemsandalen tragen, weiß ich nicht, aber gepaart mit ein paar Schlotterbermudas, die weit übers schneeweiße Knie schlappern und bis zu siebzehn praktische Taschen haben, machen die was her.

Auch die sogenannte Schlägermütze, im Hessischen trefflich ›Batschkapp‹ genannt, ziert so manches Rentnerhaupt und enthebt den Neugierigen der Frage, ob der so Ausstaffierte noch berufstätig ist. Dermaßen textil gerüstet locken Kaffee- und Butterfahrten, man kann leichten Schrittes endlich einmal an Stadtführungen teilnehmen, den beliebten Seniorensport absolvieren oder in der Volkshochschule lernen, dass Windows Vista kein Einbaufenster aus doppeltem Isolierglas ist. Vorausgesetzt, man hat nichts anderes zu tun. Dahin kommen wir noch.

In unserer Region bietet auch die ›Akademie 55plus‹ viel Segensreiches an. Grund für viele Oldies, sich für Kurse anzumelden und unter Gleichen zu weilen, was nicht immer den Gesprächshorizont entscheidend erweitert und den Blick auf die Jugend, was sie so denkt und treibt, trübt. In ›Biblify your life‹ empfiehlt Werner Tiki Küstenmacher, man möge den Kontakt mit der Jugend suchen und pflegen, um auf andere Gedanken, auch Einsichten zu kommen. Doch wer so rumläuft wie beschrieben, dürfte eher Vogelscheuchenwirkung erzielen denn Nähe schaffen auf ein Wort mit der Jugend. Oder?

WAS IST MAN NUN ›VON BERUF‹?

Kaum ist die Frage der künftigen Ausstattung geklärt, sollte man sich auch über seinen Titel Gedanken machen. War man bislang Vorarbeiter, Bankkassierer oder Filialleiter – was ist man dann?

Mein Freund Richie – schon erwähnt: keiner sollte ihn ›Richard‹ nennen – ist im Prinzip wie ich im Rentenstand. Allerdings ist er, wie Hasso auch, Pensionär. Das ist eine Untätigkeitsbezeichnung, die echt was her macht. Man versinkt nicht im namenlosen Heer der dauernd in den Nachrichten zitierten Rentner. Nein, es gibt noch nicht einmal Nachrichten, in denen Pensionäre zitiert werden, auch Pensionärsausweise hat es nicht oder Pensionärsrabatte. Wer pensioniert wird, ist faktisch Rentner, aber doch eher Pensionär, weil er eben eine bezieht. Laut ›Wikipedia‹ ist ein Pensionär ein ›Ruhegehaltberechtigter‹ – ein Wort, das nur ein deutsches Hirn hervorbringen kann.

Pension. Schön frankophil. So vornehm kann der Feierabend sein. ›Bild‹ schreibt vom »Heer der Rentner«, da kommt man sich wie in Feldgrau vor, ein no-name, nix Besonderes. Heere voller Pensionäre – vornehme Zurückhaltung.

Gerhard, mein Freund, ist kein Pensionär, sondern genau wie ich Rentner. Er nennt sich aber ›Ruheständler‹ – ein blödes deutsches Stolperwort. Anlass im Freundeskreis, wenn er mal wieder »also ich als Ruheständler sehe das ganz anders« sagt, mit einem hinterrücks ausgesprochenen nomen est omen zu kontern – sein Ständer hat wohl jetzt Ruhe.

Ich habe lange nachgedacht, ob ich dem profanen Stand der Rentner angehören möchte. Man wird irgendwie vermasst, namenlos. Vorher ist man noch ›Journalist‹ und ›beim Funk‹. Aber dann? Aber nix zu machen. Würde ich mich als Pensionär ausgeben, käme doch die Frage, ob ich denn verbeamtet war oder beamtet, wie auch immer.

Auf jeden Fall macht es sich bezahlt, dass ich bzw. Dritte immer brav Geld von mir und sich an die Rentenkasse abgezwackt haben. Es ist weniger als vorher, aber: es reicht. Was nicht jeder von sich sagen kann. Also wird hier auch nicht die Rentenhöhe bemeckert, und das Wort von Kleinklein-Blüm gilt, nämlich dass sie sicher ist. Noch.

Bald kommt die Staatsknete

Ein letzter Gang zu den Rentenleuten, diesmal ein anderes Büro, eine andere Sachbearbeiterin. Es geht um die Rentenbestätigung. Personalausweis, Einsichtnahme, Unterschrift, Bankkonto hinterlassen.

»Da Sie leider zu spät terminiert haben, wird es nun mit der Dezember-Rente nichts. Dafür kommt die dann mit der im Januar.«

Woher kenne ich die Vorlaufzeiten zum Erringen pünktlicher Rentenzahlungen? Steht das in der Zeitung? Gibt es eine Rentnerfibel? Gehört das zum Allgemeinwissen? Nun gut. Wird nach Weihnachten hilfreich sein. Im nächsten Leben gehe ich früher hin. Tatsächlich überweisen sie dann zwei Renten. Und der hr den letzten Rest.

Da unser Weihnachtsbaum 35 Euro gekostet hat, verkünde ich angesichts des nadelnden Monstrums, dass es ab nächstem Jahr auch einer mit Wurzel tut, der im Dezember für einige Tage aus dem Garten geholt wird – als fromme, sparsame, natürlich auch ökologisch relevante Deko. Die Kinder finden es gut. Ich denke, in zchn Jahren sparen wir da über 300 Euro. Rentnerdenke. Aber immerhin.

Auch andere wissen, dass es nun soweit ist

Stiefmutter Gertrud, meine Verrentung und wohl auch mein baldiges Ableben im Auge, hat mich inzwischen genötigt, das Familiengrab zu erstehen. Rentnerstand mit nahender Todesahnung. Trudi will sich nicht neben meinen verblichenen Papa betten lassen, sie möchte mit ihrem aktuellen Horst zusammen liegen, und man könnte meinen, unter der Erde würde sich noch was tun.

Sie haben auf dem Waldfriedhof ein Areal entdeckt, wo man der Vertriebenen gedenkt. Auch Danzig wird auf einer Tafel erwähnt, drei Grad Nord-Südost von da und fünf Meter rechts wollen sie geparkt werden. »Weil Horst doch Danziger ist.« Aha. Wenn es denn hilft?

Seit Wochen will ich unseren Kindern mein schönes Grab zeigen. Ich habe ihnen auch schon erklärt, dass das ein Familiengrab ist, wo schon mein Papa liegt und dass sie da gerne auch mal unterkommen können. Doch das Interesse ist mehr als zurückhaltend: »Du rauchst zuviel, Papa«, sagt Tim. Er scheint weder zur Grabbesichtigung noch zur Inbetriebnahme durch mich motiviert zu sein. Inzwischen habe ich, beflügelt durch meinen Kauf dieses wirklich doll gelegenen Grabes auf dem Darmstädter Waldfriedhof, auch eine Sterbegeldversicherung abgeschlossen.

Wenn es dermaleinst soweit ist, soll das Thea Kahrhof erledigen – ein Haus der Pietät von Ruf, das an meiner Familie und ihren traurigen Ereignissen bislang ganz ordentlich verdient hat: Großeltern und Eltern unter die Erde gebracht, jüngst Gerhard, der sich zu früh davongemacht hat. Man war des Lobes voll. Stammbestatter sollen sie sein – muss ich den Kindern auch noch ans Herz legen. Thea hat mir vor einiger Zeit erzählt, sie hätten ›Tage der offenen Tür‹ (des Sargdeckels), ich sei herzlich willkommen. Schöner kann man die Teilnahme am dritten und letzten Lebensabschnitt kaum formulieren, aber nach Probeliegen ist mir noch nicht.

Herr, lehre uns bedenken, dass wir sterben müssen … Okay.

Der ›Funk‹ (der Hessische Rundfunk, hr) hat mich inzwischen termingerecht um die Abgabe meines Hausausweises gebeten. Danach folgte der Hinweis, dass man mir für lange hervorragende Arbeit danke und dass ich nun den Hausausweis für ›ganz Freie‹ kriegen kann. Die Chronologie hätte andersherum besser getan. Den neuen Ausweis habe ich mir geholt. Als ich jüngst den Panzerglas-Portikus am Frankfurter Mutterhaus damit öffnen wollte, blieb der zu – also hin zum Pförtner.

Mit dem alten Ausweis – das zeigt sich kurz darauf im Kasino – ist auch das verbilligte Mittagessen futsch. Gerade jetzt, da ich weniger habe, muss ich mehr für die Nudeln mit Pilzsauce zahlen. Frau L. an der Kasse aber erkennt das Problem, wendet einen Kassentrick an, und ich krieg' es noch mal zum alten Preis.

Tage später ruft mich die Sekretärin eines Kollegen an, der offenbar zu wenig Zeit hat, sich selbst bei mir zu melden. Der Ruf, einen letzten Schlüssel abzugeben, ereilt mich telefonisch. Und das wäre es dann gewesen, hätte ich nicht noch beizeiten ein bisschen freie Mitarbeit vereinbart. Ich bin noch ab und an zu hören, auch zu sehen. Nicht des Mammons wegen, sondern weil es Spaß macht, und ich denke, als Journalist klappt man nicht mit 65 das Hauptbuch zu und sucht dann gut besonnte Parkbänke auf. Prädestiniert dafür in der Vaterstadt die ›Gichtmauer‹ – eine allseits bekannte Parkeinfriedigung; Sonnenstrahlen speichernd gibt sie die Wärme auf alte, krumme Rücken ab, die auf Tiroler Steckerl gestützt die Gegend heimsuchen.

Mit dem Wegsein vom Job – die dienstliche Mailbox hat man mir auch noch abgeschaltet – erlischt fast spontan das Interesse von Behörden und Vereinen, unsereinen als Moderator zu fetten Honoraren auf Veranstaltungsbühnen zu stellen. Die Lust, als Rampensau zu agieren, ist noch da, die Aufträge aber gehen massiv zurück.

Das geht dem Zimmermann oder Bibliothekar auf andere Weise ähnlich. Im ›Storckebrünnchen‹ (Jochen hatte mich zum Mittagsmahl mit Riesenportion zum fairen Preis eingeladen, um seinen nahenden Fünfundsechzigsten vorzubesprechen) erlebe ich beim Pippimachen einen Toilettendialog, frisch nach der Erleichterung zweier Zeitgenossen.

»Ich kenne Ihr Gesicht doch.«

»Ich Ihres auch. Sie waren doch bei uns in der Buchhaltung, oder?«

»Ja, genau. Und Sie, Sie waren …«

»Zimmermann.«

»Ach ja. Sind auch schon eine Weile weg.«

»Ja, stimmt. Ganze Weile.«

»Aber noch da. Ich mein': Viele, die weg sind, sind ja ganz weg.«

»Ja, so isses.«

Nicht nur Jochen, auch Siggi, Fred, Peter und aktuell Hotte samt Hella können mich gut gebrauchen. Noch vor einem Jahr hätte sich keiner getraut zu fragen, ob ich Programmtipps für Geburtstage und Rentenpartys gebe, gestalterische Tipps von Rang, ob ich Verstärkeranlagen bestellen könne, Keyboarder, Sängerinnen, Humoristen – und eines meiner berühmten Gedichte, so zum Spaß, vortragen könne. Weil alle wussten: Das kostet was. Aber jetzt: Verrenteter Rentnereventgestalter. An Aufträgen mangelt es nicht, aber – an Bezahlung. ›Vielen Dank auch‹ statt klingender Münze. Da hat sich was verinnerlicht. Der ist jetzt da, zu Hause, hat eh nix zu tun, kassiert seine fette Rente – da kann der das doch nebenbei für uns mal machen.

Die Zahl ›guter alter Freunde‹ erweitert sich durch solche Anlässe. Schön, dass man auch geladen ist, sich nicht lumpen lassen will, fünfzig Euro für ein Geschenk ausgibt und furztrockene Schnitzel, die seit acht Stunden warm gehalten werden, im Gegenzug und im Wert von drei Euro erhält, samt eines – ›was ganz Feines‹ – Montepulciano, der aber kein nobile, sondern ein abruzzese ist. »Und danke schön noch mal für alles.« Die Eventagentur hätte mit zwei Mille plus Mehrwert hingelangt.

Da sich hier und anderswo der Rentnerstand herumgesprochen hat, eilen nun auch weitere auf die bereits vorhandenen Ehrenämter zu. Wie Aasgeier stürzen sich Wohltätige aller Spezies auf mich, wollen mich, da im Rentenstand mit – wie sie wohl vermuten – unglaublichem Freizeitbonus, für viel Arbeit bei null Geld einspannen. Zwei Anfragen höchst honoriger Institutionen hängen noch in der Luft, da werden sie auch bleiben. Zweimal Vorstand sein reicht. Es ist mit Arbeit, Stress, Ärger und Geldausgeben verbunden. Wer denkt schon so kleinkariert und berechnet den Vereinen Auslagen für Fax, Porto, Telefon und Papier?

Ansonsten gibt es noch mehr, die jetzt ›in Rente‹ sind und auch gerne Gemeinnutz pflegen möchten. Da sollte es mal bei denen probiert werden.

Dabei liegt der Vorteil diverser langjähriger Ehrenämter auf der Hand, wenn es ums Ableben geht. Neben der Trauerbotschaft der hadernden Familie vermissen einen auch noch die Vereine per Anzeige, gönnen einem ehrenvolle Nachrufe. Die Kinder können sie ausschneiden und irgendwo einkleben, sie dann dem Neuen meiner Witwe zeigen, wenn er in meinen Hausschuhen am Frühstückstisch sitzt und sich breitmacht.

Die Kurzmeldung in ›Finanztest‹, Ehrenämter könne man steuerlich in Ansatz bringen, stimmt auch nur zur Hälfte.

»Wenn Sie zum Beispiel Übungsleiter sind oder Trainer oder Spielerbetreuer, dann geht das«, sagt die nette Dame beim Finanzamt.

Beim ›Förderverein Mornewegschule‹ werde ich jetzt Antrag auf ein Übungsleiter-Dasein stellen, dann klappt das vielleicht mit dem Steuersparmodell.

Die ersten aus dem Ruhestand versandten E-Mails habe ich unter anderem mit dem Zusatz ›Rentier‹ versehen. Doch wer des Französischen nicht mächtig ist und nordisch denkt, fragt schon mal nach, was es mit dem Tier da auf sich hat.

Also lasse ich alles weg. Übrigens habe ich dieser Tage bei der Ankündigung der Rentenerhöhung einen ›Bitte hier abtrennen‹-Hinweis gefunden. Rentnerausweis. Studenten und Rentner erhalten Nachlass. Mein ebenfalls verrenteter Freund Dieter setzt das Ding ein, dass die Wände wackeln: beim Kauf von Konzertkarten, bei allen nur denkbaren öffentlichen Veranstaltungen; er hat es sogar schon in Parkhäusern probiert.

»Willkommen im Club!« Diese Rufe häufen sich nun, zumal in einer Zeitung zu lesen war, ich hätte es jetzt auch hinter mir. Was mich geadelt hat, denn im Freitags-Anzeiger in Mörfelden-Walldorf wurde ich als ›pensionierter ARD-Reporter‹ bezeichnet. Nicht als Rentner. Na immerhin. Das Arbeitsleben also hätte ich hinter mir. Tja, ein sehr törichter Trugschluss ist das.

K(L)ASSENKAMPF

Sehr empfehlenswert, meinten Kollegen vor Jahren, sei es, in die DKV als Krankenversicherung einzutreten. Das Leistungsspektrum, immerhin Privatpatient, und dazu noch günstiger als Gruppenversicherung für organisierte Journalisten. Nichts wie hin.

Die DKV hatte Zeiten, da konnte man seinen persönlichen Sachbearbeiter anrufen und mit ihm über Zuschüsse für Zahnplomben diskutieren. Seit einiger Zeit geht das nicht mehr. Jetzt hat die Kasse ein ›Service Center‹. Wer solche Center kennt, weiß, dass sie einen um den Verstand bringen können. Und sie müssten auch ›Warte-Center‹ heißen. Die Rente im Blick, teile ich also dem Center mit, was künftig finanziell auf mich zukommt, und frage, wie sich denn der bisherige Monatsbeitrag für Tim, Tina und mich (840 Euro!) unter Rentnerkonditionen entwickelt.

Dass das angeschriebene Center erst mal nicht antwortet, ist nichts Neues. Dann aber kommt Post mit erschütterndem Inhalt. Als Rentner würde sich – wegen Altersrückstellungen – der Beitrag um zirka 50 Euro reduzieren. Privat versicherten angehenden Rentnern kann ich nur raten, sich zeitig kundig zu machen, damit man – bis zur Verrentung – den Kassenzahl-Schock verarbeiten kann.

›Baldriparan‹ gibt es rezeptfrei in der Apotheke um die zehn Euro. Wenn man zwei nimmt, kann man einigermaßen einschlafen. Ich teile dem Center schriftlich und ordentlich ungehalten mit, dass die Summe nicht finanzierbar ist, und überlege, ob die DKV im Gegenzug vielleicht meine Hausnebenkosten zahlt, einen Essen- und Kleiderzuschuss für die Familie, oder ob unser Eigenheim zwecks Kassenfinanzierung nun bald unter den Hammer kommt.

Das Center schweigt vor sich hin, teilt mir aber dann ›in Beantwortung Ihrer Anfrage‹ noch mal mit, was es schon geschrieben hat.

Nicht jeder Mensch ist mit einer so tüchtigen Partnerin wie ich gesegnet. Mit Tränen in den Augen, voll schierer Verzweiflung, Aufgebautes wohl demnächst verlierend, konfrontiere ich Chris mit den Auskünften. Sie macht auch in diesem Fall das, was sie immer macht vor Anschaffungen, neuen Versicherungsverträgen und Finanzgeschichten: Sie spaziert zur Verbraucherberatung und kommt mit einem Berg Ausgedrucktem auf Recyclingpapier, das so grau wie unsere Zukunft aussieht, zurück.

Chris' Kopiergänge waren schon häufig erfolgreich. Sie ist scharf auf Waren- und Finanz- wie auch Ökotest-Bewertungen, und unter ›gut‹ wird bei uns seit Ewigkeiten nichts mehr angeschafft. Unser Canon-Multifunktionsgerät, mit dem man außer grillen und backen auch scannen, faxen, drucken und kopieren kann, hat unter 100 Euro gekostet. Denn wenn meine Holde erst mal bei ›gut‹ fündig wird, fahndet sie akribisch weiter. Bis sie via Internet den günstigsten Anbieter hat samt Garantie und allem Drum und Dran.

Ich grübele über dem Kopierstapel zum Thema Rente und Krankenkasse. Erster Schritt der Gattin: Wir nehmen die Kinder zu ihrer Kasse und bei meiner raus. Das wollen wir in die Tat umsetzen, bevor die Rentenkasse fast mein gesamtes Rentnergeld direkt an die DKV überweisen kann.

Aus der Kopie einer älteren ›Finanztest‹-Ausgabe springen mich drei Buchstaben an: DKV. Ich lese, dass es einer angehenden Rentnerin gelungen ist, ihre Beiträge bei der DKV durch längere Verhandlungen, einen fast gemeuchelten Vertreter der Kasse sowie Verzicht auf einige Leistungen um zwei Drittel zu senken.

Die Finanztester raten, zäh zu bleiben. Ich spiele Ping-Pong mit dem Service Center, dann gibt es einen Termin mit einem Vertreter der Kasse. Kann ich nur wärmstens empfehlen, aber: Sie sollten das dann so ablaufen lassen wie ich.

Wir entfernen die Kinder aus der Obhut der DKV, der Vertreter hantiert mit einem Taschenrechner. Dann macht er mir zwei Fässer auf. Bei hier reduziert, dort gar nicht und insgesamt so und so soll ich künftig immer noch einen Riesenbatzen zahlen.

Wie ein scharfes Schwert zücke ich fies die angemarkerte ›Finanztest‹-Kopie – und siehe da, wir nähern uns einer sozialverträglichen Summe. Ich verzichte darauf, einsam und isoliert im Krankenstand ein Ein-Bett-Zimmer zu bewohnen – und gleich noch auf den Chefarzt.

Meine Kinder haben, genau wie ich, dramatische Chefarzterfahrungen, und die Gesamtfamilie ist ohnehin der Auffassung, dass auch Ober- und Stationsärzte nicht berechtigt sind, einen vor Schmerzen schreien oder gar sterben zu lassen, nur weil man bei der DKV das Leistungsspektrum reduziert hat.

Tina hatte nach einem Sturz eine komplizierte Ellenbogenknorpelfraktur gehabt. Nachts um 23:30 Uhr habe ich einem OP-wütigen Oberarzt erklärt, dass er nicht gleich schneiden muss, beim Wiederkommen am nächsten Tag hat er mich mit ›Herr Kollege‹ angesprochen und sich ›mit dem Chef‹ in der Klinikbibliothek über die von mir vorgeschlagene Methode des Reponierens kundig gemacht. Leider musste doch geschnitten werden. Chefarztbehandlung. Tina hat seit dieser Zeit eine Art knallrotes Reißverschluss-Imitat am linken Unterarm, weil beim Zunähen wohl der OP-Pfleger mal durfte und statt kosmetischem Catgut Paketkordel verwendet hat.

Ebenfalls chefarztbehandelt wurde Tim mit einer Fußfraktur, umgehend in Gips gelegt und auf Krücken durch die Welt geschickt. War zwar keine Fraktur, wie die Röntgenaufnahmen und ein hinzugezogener Orthopäde dann doch bewiesen, war aber wieder mal eine Chefarzterfahrung mehr. Meine noch hinzu. Nach einem schönen Feier-Abend Schmerzen in der Brust. Ich schreie, bis der Notarzt kommt, 40 mg Morphium beenden am frühen Morgen mein Leid in der Klinik.

Infarkt wird ausgeschlossen. Der Chef persönlich schiebt mir einen Katheder ins Herz und freut sich mit mir: »Ihre Pumpe ist kerngesund.« Die war es also nicht. Er rät mir zu einer Magensondierung und will mir zusätzlich Geräte zwecks Spiegelung hinten reinschieben – kostenpflichtig.

Als bekannt renitenter medizinischer Laie, der

in zehn Sekunden osmotische Lösungen herstellen und damit Wunder vollbringen kann (ich kann sogar transitorische ischämische Attacken, ITA, korrekt diagnostizieren), widerspreche ich ihm. Es erscheint mir komisch, dass eventuelle Varizen im Darm in meinen Schultern weh tun und mein Magen mir im Bereich des 5. HWK (Halswirbelknochens, bin schon Experte) rasende Schmerzen verursacht. Nach drei Tagen verlasse ich mein Einzelzimmer mit einer diffusen Diagnose. Der Chef erlaubt sich, privat zu liquidieren.

Werner, mein chiropraktizierender Hausarzt, bestellt mich, wirft mich mit einem Würgegriff auf eine Liege, springt mir mit beiden Beinen ins Kreuz, reißt meinen Kopf hoch. Es knackt bedenklich. Er und später ein anderer Doktor konstatieren eine dämliche Verspannung der Muskulatur im oberen Rücken mit unaussprechlichem Namen und lassen mich geheilt von dannen ziehen. Vorher fragen beide noch, wer der Chefarzt war, und meinen, die Angelegenheit hätte man wie gehabt in zwei Minuten erledigen können.

Im Gegensatz zum Chefarzt, der sich auf eine eher knappe Anamnese verlassen hatte, hatten Werner und sein Kollege nach dem Vorher gefragt. Das bestand aus einer großen Party; Rafael, Gosbert und ich fanden keine Sitzplätze und diskutierten, trinkend und essend, an einem unbequemen Stehtisch, stundenlang. Kühl wurde es auch noch, ich hatte meine 189 Zentimeter ungeschickt stets nach vorne gebeugt, und das war sie dann, die Ursache.

Dass man auch vor Nicht-Chefs und medizinischem Unfug nicht gefeit ist, verriet mir gestern Abend Franz. Ihn hatte es gerissen, bewusstlos fand ihn seine Frau vor dem Lokus liegend. Notarzt, das ganze Programm. Beim Sturz hat sich Franz die Unterlippe durchgebissen, er blutete wie Sau, und die junge Ärztin in der Poliklinik reinigte erst mal die Wunde, bevor sie ihm eine ordentliche Betäubungsspritze verpasste, dann nähte sie fleißig drauflos.

Danach (!) las sie den Bericht der Rettungssanitäter, wurde blass und kleinlaut, hielt Franz die Hände, guckte ihn aus Rehaugen milde an. Dass man einem, der mit einer massiven Herzinsuffizienz nach erfolgter Ohnmacht eingeliefert wird, eine Betäubungsspritze verpasst, kann rascher, als man denkt, zur fahrlässigen Tötung führen. Fazit: Fehler werden überall gemacht.

Wir, der Vertreter und ich, streichen also den Chefarzt, obwohl der Vertreter warnt, dass er das so nicht gemacht hätte. Klar, der kriegt ja Provision, weil es einen Neuabschluss gibt, der da vor uns auf dem Tisch liegt.

Ich werde also künftig wie ein AOK-Patient behandelt werden. Auch die lässt man nicht grundlos sterben und müssen ab und an was drauflegen beim Zahnarzt oder in der Apotheke. Ich beschließe, ab Vertragsschluss nicht mehr krank zu werden, und bin aktuell im vierundzwanzigsten Monat – also kerngesund.

Werner hat Chris angerufen und sich nach meinem Zustand erkundigt; was los sei, er habe mich so lange nicht mehr in der Praxis gesehen. Wir lernen daraus, dass reduzierte Krankenkassenbeiträge etwas Selbstheilerisches an sich haben.

Man muss nur, wenn es kühler wird, dicke Socken anziehen und einen Pulli und sich von rotzenden, hustenden Mitmenschen fern halten. Ansonsten gibt es Grog, Eidotter in heißer Bouillon, Kneipp-Badewannen-Elixiere und jede Menge Verbandmull aus abgelaufenen Auto-Erste-Hilfe-Kisten.

Das Netteste zum Schluss: Der DKV überweise ich monatlich 146 Euro. Allein diese wertvolle Erfahrung sollte weitere Mitmenschen zum umgehenden Erwerb dieses Büchleins motivieren. Auch andere Kassen lassen sich in die Knie zwingen, wenn man eine Chris zu Hause hat – und Kopiertes von der Verbraucherberatung.

GELDFRAGEN

Nachdem der Rentenbescheid ins Haus geflattert war (weitere Fragen beantwortet Ihnen gerne Team 4) und wir wussten, wie sich die Finanzen entwickeln würden, hat Chris ein elektronisches Haushaltsbuch angeschafft. Kostet 'nen Appel und 'n Ei.

Wir haben uns ausgerechnet, was sie im Monat heimbringt. Dann, wie sich das bei mir darstellt. Einnahmen aus Vermietung und Verpachtung. Und dann haben wir sämtliche erfassbaren Lebenshaltungskosten kalkuliert – sogar meine Zigarettenkäufe.

Was läuft noch an Krediten? Wie lange? Wie sieht die monatliche Belastung aus? Rücklagen bilden, falls die Ölheizung die Grätsche macht, Taschengelderhöhungen für die lieben Kinderchen, Fahrtkosten, Sprit, Stromkosten, Wasser, Heizung. Sehr hilfreich, sehr empfehlenswert. Man merkt umgehend, dass die Rente, kaum auf dem Konto, auch schon wieder weg ist.

Erste Amtshandlung, als die Lebensversicherung pünktlich zum Rentenantritt überweist: hin zur Bank. Drei Kredite laufen da noch, gegen Vorfälligkeitsentschädigungen können wir die loswerden.

Der Steuerberater sagt, man soll sich Fest- und Tagesgeldzinsen anschauen und auch die für die Kredite. Es könne interessanter sein, das Geld anzulegen, wenn die Zinsen gut sind – und höher als die Kreditzinsen. Wir rechnen uns dämlich. Wundersame Zinsen von 5,4% offeriert eine niederländische Bank, doch Finanztest warnt. Vorsicht mit dem Einlagensicherungsfond, da stehen die nur für 20 000 Euro gerade. Auch eine isländische Bank bietet Kohle satt, doch Island war uns zu weit weg. Doch ›die Krise‹ fegt das alles weg, für Tagesgeld würde uns die Sparkasse ein sattes Prozent zahlen. Also weg mit den Krediten! Wir zahlen Vorfälligkeitsentgelte, da ja der Bank unsere Abstotterei entgeht. Ich feilsche um Prozentpunkte hinter dem Komma, zähes Ringen.

In der August-Ausgabe von ›Finanztest‹, Seite 48, ›Bauen und Wohnen‹, lese ich: »Die Falschrechner. Jede zweite Rechnung ist falsch« im Bereich der Vorfälligkeiten. Oh je! Für 50 Euro lassen wir jetzt nachrechnen, ob unsere Rechnung auch falsch war. Ich will für ›Finanztest‹ keine Werbung machen (kriege ja auch nix dafür), aber das Abo lohnt doch häufiger. Mal sehen, was bei der Überprüfung rauskommt.

Denkbar, dass ich bei der nächsten großen Party den stets zu allen sehr, sehr freundlichen und nie Position beziehenden, mir bekannten Bankvorstand in ein erschütterndes Gespräch verwickle und den Laden öffentlich anprangere.

Denkbar auch, dass ich hier noch das hohe Lied dieser Bank singe, wenn alles in Ordnung war, denn noch laufen Verlagsverhandlungen, und keiner weiß, ob diese meine doch auch – beim Wort genommen – für manchen wertvollen Zeilen publiziert werden. Kann ja sein, dass die Bank mir das Manuskript abkauft für fünfzig Mille.

Es ist also möglich, dass Sie alles, was ich hier

notiere, nie zu Lesen bekommen und Sie mit Banken, Frauen, Chefärzten und Herrenausstattern erst mal selbst auf die Nase fallen müssen.

Rentner kriegen Rabatt

Sie werden Trasaghis nicht kennen, Ospedale, Artegna oder Tavagnacco. Das ändert sich jetzt. All diese Orte liegen in Norditalien, in Friuli. Von Villach aus eine gute Stunde über die Autobahn – schon ist man da.

Vor allem in Tavagnacco. Das liegt bei der Bezirkshauptstadt Udine, in der man unter Arkaden prächtig flanieren, hervorragenden friaulischen Wein kaufen oder sich Großplastiken von Arnoldo Pomodoro anschauen kann. Meiner Familie und mir ist Friuli seit 36 Jahren zweite Heimat. Und erste Heimat von Pierina, unserer nonna italiana, wie sie sich nennt. Pierina, 79 Lenze, hat vor einiger Zeit in Tavagnacco mächtig zugelangt – beim Einkaufen. Der dortige ›Euromercato‹, ein Riesending, hatte geworben: Jeder, der 60 und älter ist, kriegt vier Wochen lang 20 % Rabatt auf alle Lebensmittel und 30 % auf alles andere. Der Verkehr brach zusammen. Die Sache soll wiederholt werden, weil die explodierenden Umsätze die Nachlässe sofort wieder wettmachten.

Rentner- oder Seniorenrabatt eben. Und den sollte man nutzen. Ich habe mir eine kleine Sparliste angefertigt, kann vom Theater bis zum Museum ganz schön hinlangen, habe immer meinen Rentnerausweis dabei. Wer aufmerksam die Lage peilt, liest: »Schüler, Studenten, Arbeitslose und Rentner verbilligter Eintritt.« Also, los und hin!

Ob Kommunen oder Haftpflichtversicherungen, Italienischkurse oder Busreisen, Theater,

Zoo – selbst IBM gibt beim Computerkauf Rabatt für Rentner. Sollte man wissen, sollte man nutzen. Seniorenrabatt bei der Bahn oder im Kino in Kassel – alles machbar, Herr Nachbar. In Lübeck gibt es sogar Nachlass beim Friseur und im Taxi, andere Kommunen stellen Rentnertickets und Seniorenpässe aus.

Zwar investieren ›wir Rentner‹ pro Jahr 316 Milliarden Euro in die bundesdeutsche Wirtschaft, aber die müssen ja nicht gnadenlos auf den Kopf gehauen werden, wenn man was sparen kann beim Ausgeben. Rentner – also Sie und ich – sind ein hochinteressantes wirtschaftliches Potential, weil die demografische Entwicklung immer mehr von verrenteten Oldies in der nächsten Zeit produziert. Auf die Kaufkraft der Rentner sind alle geil – also sollten wir fragen, ob nicht ein Nachlass drin ist. Fragen kostet nichts, und wer beim Kauf der Senioren-Bahncard statt 206 nur 103 Euro hinblättert, kann sich vom Ersparten noch einen schönen Lenz machen.

Das Internet scheint mir ein Eldorado für Fundstellen mit Rentner-Nachlässen zu sein – wenn man den Rechner (von IBM) besitzt – nichts wie ran! Obwohl: ›Warentest‹ hat vor einiger Zeit festgestellt, dass sogenannte Seniorenrechner nicht immer der Weisheit letzter Schluss sind – also: aufpassen, vergleichen! Den Geburtstagswunsch-Apple für meine Frau haben wir über die Pfadfindergruppe von Tina weit unter Preis ergattert.

Und mehr Selbstbewusstsein sollten wir pflegen, wir Rentner. Der SPD (ehemalige deutsche

Volkspartei) sind in den letzten Jahren 400 000 Mitglieder weggelaufen. Die jetzt auch nicht zurückkommen werden, nur weil der dicke Gabriel und die dickbusige Nahles das gerne so hätten – ein Pfund, mit dem wir wuchern können. Man könnte avisieren, man überdenke einen Eintritt, träume vom Parteibuch. Vorausgesetzt, man kann ein langes informatives Gespräch mit dem zuständigen Land- oder Bundestagsabgeordneten führen, der einen zum Mittag- oder Abendessen einlädt. Ideen muss man haben …

Jetzt beginnt mein neues Leben! – Denkste!

Bevor Sie sich als unerfahrener Frischrentner auf das neue Leben und den finalen dritten Abschnitt stürzen, nun eine weitere ernsthafte Warnung. Sofern bei Ihnen die Gefahr besteht, dass Ihr Partner auch nur im Geringsten versucht, aus Ihrer neu gewonnenen Freizeit das Beste (für sich) zu machen, dann lassen Sie sich beizeiten etwas einfallen. Wer sich zu Beginn der Rentenphase nicht so mit Terminen, Treffs und Verpflichtungen vollgekleistert hat, dass ihm buchstäblich keine Minute mehr bleibt, wird umgehend zum Verlierer. Vor allem als Mann.

Die Frau, mit der wir bislang traut gelebt haben, entwickelt sich mit Rasanz zum Raubtier. Wie ein hungriger Löwe ist sie bereit, uns jede freie Minute wegzubeißen, auf die tief im Mann verankerte Fairness zu setzen, auch auf das permanent schlechte Gewissen von Nie-im-Leben-Büglern und -waschern. Sie liegt auf der Lauer, hat sich schon längst ein Plänchen gemacht, das in der Regel daraus besteht, ihm all das nun zuzuschanzen, worauf sie in den letzten 20 Ehejahren sowieso keinen Bock mehr hatte. Wie bei der Ausbildung eines unerzogenen Hundes wird sie mit kleinen Versprechungen und Leckerlis beginnen; am Ende ist, wer es nicht erkannt hat, Leibeigener, Sklave, Putzfrau, Hausmeister, Hilfsarbeiter, Zuträger, Wegschlepper, Koch, Chefeinkäufer, Fensterputzer, Kinderwegbringer und vieles mehr.

Ich bin schon seit Wochen am Überlegen, ob es irgendwo Volkshochschulen gibt, die mich als Referent für frauenfreie 6-mal-2-Stunden-Kurse zulassen, damit ich meine Geschlechtsgenossen gegen Zahlung einer Anstandsgebühr vor der endgültigen Versklavung bewahren kann. Wer es nicht glaubt, soll einfach weiterlesen.

Festzuhalten gilt: Das bisherige Arbeitsleben ist vorbei. Und: ein neues beginnt. Auch geregelt, aber von nie enden wollender Freiheit und Freizeit diktiert. Machos kriegen das sogar hin, wenn sie ein duldsames Weibchen zu Hause haben, das schon Jahrzehnte das Frauenjoch tapfer getragen hat bis zum Gebärmuttervorfall. Allerdings kommt eben nicht jeder in den Genuss des erhofften, erträumten neuen schönen Lebens, sondern eher in ein weitgehend unfreiwilliges. »Wenn du so blöde bist und dich von deiner Frau rumschicken lässt, bist du selbst dran schuld. Du musst auch mal sagen: Leck mich doch am Arsch!« (Zarte Empfehlung meines Freundes Gerd, der seine Frau wie auch seinen Riesenhund mit ›Schätzchen‹ anspricht.) Ich bin aber nicht Gerd, ich bin ich und ich sage ›Mausi‹ zu meiner Frau und ›Mäuschen‹ zu meiner Tochter. Wahrscheinlich wie Millionen anderer auch. Wenn sie gut drauf ist, sagt meine Frau ›du Mäuserich‹ zu mir.

Reale Mäuse schafft uns die Scheißkatze ›Nunu‹ ins Haus, teils schwer verletzte, die fiepend ihr Mäusleinleben auf einem teuren Teppich aushauchen, oder auch nur leicht lädierte, die dann in der Wohnung eingefangen werden wollen. Von mir. Ich bin ja jetzt mal da.

»Du kannst es ja auch mal mit einer Lebendfalle probieren. Die Dinger gibt es bei Raiffeisen in Gräfenhausen.« Ein Tipp, ein Rat, ein Hinweis?

Nee. Im Klartext heißt das: Zweimal acht Kilometer fahren, um die Scheißfalle zu holen. Um dann später den Lebendfang, ein vor Entsetzen dauerkackendes Mäuslein, mit dem Fahrrad zu einer Waldlichtung zu bringen und es in die Freiheit entlassen. Womit mal wieder zwei Stunden weg wären, mit Artfremdem.

Ich hatte mal Visionen

Die Kopfvorspiele zur Vorbereitung des Rentenstandes waren durchaus geniale Veranstaltungen. Ich sinniere über die freien Zeiten, die ich nun bald haben werde und gestalte mir im Hirn künftige Tagesabläufe. Spätestens um 7:30 Uhr sind Weib und Kinder aus dem Haus. Also im bequemen Morgenmantel einen schönen Kaffee trinken, ausgiebig Zeitung lesen, die Heizölpreisentwicklung im Auge behalten, dann unter die Dusche, noch einen Kaffee, dann irgendwann an meinen Schreibtisch mit wunderbarem Blick ins Grüne.

›Jägertod‹, der neue Krimi, wurde dort ersonnen und mittlerweile geschrieben. Dann ›Die koch ich mir ins Bett‹, mein kulinarisch-sexistisches Aufreißer-Tipp-Buch für männliche Singles, dann ›Rainerbub – Heinerbub‹, ein Stückchen Autobiografisches. ›Maloche, Malaise, Montmartre‹, die Pariser Zeit nachlesbar machen, dazu noch ›Reporterjahre‹, ein Leben für das Radio. Und noch eins mit Darmstädter Geschichten für den Wartberg-Verlag. Sechs Bücher. Da hat man sich was vorgenommen.

Immerhin habe ich mir inzwischen ›Jägertod‹ und das Paris-Werk aus den Rippen geschnitten in der knappen Zeit, die mir geblieben ist. Alle anderen Projekte sind erst mal storniert, weil meine Frischrentnererlebnisse nach Öffentlichkeit schreien – aufzuschreibende Warnschüsse für die, die nach mir in Rente gehen.

Es ist einfach so, dass man Zeit und Muße zum Schreiben braucht. An meinen allerbesten Tagen

(Chris mit Tina in Hiddensee, Tim auf Austausch in der Türkei, Telefon ausgehängt) habe ich zehn Seiten geschafft. Dann kommt die Feinarbeit. Habe ich ein Skript fertig, wird das ausgedruckt, durch gearbeitet. Erst kommen die Korrekturen, dann die Polituren. Man könnte nun denken, die Zeit hat der doch. Ja, denkste. Wird alles noch begründet. Ausführlich.

In die Vorabplanung meiner rentnergemäßen Freizeitorgien gehörten auch so nette Dinge wie die Teilnahme am Mittwochstreff. Der findet in einem gut frequentierten Café in der Darmstädter City statt (die diesen Namen nicht mehr unbedingt verdient, weil sie fast nur noch aus Back-Factorys besteht). Hennes, der auch Rentner ist, hat mich darauf aufmerksam gemacht und gesagt, der Edmond käme da auch hin, und noch ein paar, die ich von früher kenne. Es ist ja kein Schaden, von früher zu reden mit Leuten, für die man ewig keine Zeit hatte. Also sollte der Mittwochvormittag ab zirka 11 Uhr diesem Treff gehören. Jetzt sind Jahre vergangen, und ich hatte noch an keinem einzigen Mittwoch Zeit für diesen Treff.

Auch der regelmäßige Latte Macchiato und das Plauderchen mit Ruth, die ich noch immer für eine verkappte Apachen-Squaw halte, sind Vergangenheit. Keine Zeit. Und teuer. Teuer deshalb, weil in meinem Handarchiv eine erhellende Kaffee-Musterkalkulation aus dem Hause ›Metro‹ liegt. Inklusive eines Gebäckstückchens schreibt ›Metro‹: Gesamt-Netto-Wareneinsatz für einen Latte Macchiato: 0,165 Cent. Der Zucker ist auch schon einkalkuliert.

Fragt man sich, warum die einem 2,20 Euro und mehr abknöpfen. Aber so ist er, der Italiener. Der Deutsche aber auch. Wir intensivieren unsere Treffen, hatte ich Ruth vor Jahresfristen versprochen.

Ansonsten sollten sich Rentner ihren ›Latte‹ zu Hause bereiten und mit einer Thermoskanne bewaffnet durch Fußgängerzonen streifen, wo es allenthalben meist rückenfeindliche Sitzgelegenheiten gibt, die von jungen, drahtigen Architekten ersonnen, aber nie ausprobiert wurden.

Die angedachten ausgedehnten Waldspaziergänge im Revier meines Freundes Peter – ausgefallen. Dabei wollte ich ihm eine Bestandsaufnahme vom Rehwild machen, ein Auge auf Fuchsbauten haben. Klingt ganz nett. Fand aber noch nicht statt. Die zwei Kilometer zu Monika im historischen Gehöft wollte ich einmal monatlich nach Voranmeldung laufen, dann mit ihr auf der mächtigen Holzbank sitzen, ein Bier aus der Flasche trinken am helllichten Tag. Ihre Pfauen wären um uns herumgesaust, und wir hätten drüber gesprochen, wie schön es doch damals war, als Jochen noch gelebt hat. »Dich sieht man ja auch gar nicht mehr«, hat sie vor einiger Zeit leicht traurig festgestellt. Ja, wie denn auch!

Ich könnte jetzt noch mindestens 34 weitere gehabte Visionen aufzählen, doch das käme aufs selbe raus. Visionen sind dazu da, sich hineinzuträumen, zu erhoffen, dass sie – dermaleinst – wahr werden. Na ja, immerhin hatte ich sie. Tagträume. Schaum.

Alter Vater, junge Kinder

Es wäre brutal und äußerst unpädagogisch, jetzt den Kindern die Schuld zuzuweisen, was die gescheiterten Visionen angeht. Obwohl … Da sie Papas Bücher eh nie lesen, schreibe ich es mal auf.

Wenn man erst mit über 50 heiratet und dann auch noch zwei Kinder zeugt, ist man eben alt mit jungen Kindern. Was ohnehin zu hämischen Bemerkungen führt, zu dezenter Kritik, Neugier. »Na, hat die alte Flinte noch einen Schuss im Rohr gehabt«, wird man da in Jägerkreisen angemacht. »Hattest noch einen Braten im Rohr«, muss man sich anhören, wenn man mit Mitte 50 per Kinderwagen unterwegs ist. »Wie schaffst du das denn in deinem Alter, zwei kleine Kinder?«, gehört auch dazu. Also: Alles gar kein Problem. Meine Kinder haben einen lebenserfahrenen Papa. Der sicher früher die Grätsche macht als andere Papas, aber wenn ich so in der Zeitung lese, wen es mit 28 mit der Ninja aus der Kurve trägt oder von den Nordseewellen mit 34 auf never come back verschlungen wird – nee!

Die Tücke des Objekts zeigt sich in der Rentenzeit. Die ja eigentlich nach jahrzehntelanger Maloche eine Frei-Zeit sein sollte, befreit von der Fron, vom Joch. Doch da fordert dann die Familienstruktur Tribut. Die Gattin arbeitet halbtags. Sie ist außer Haus. Ich bin drin. Somit wird man umgehend zum Fahrdienstleiter. Man kann ja auch nicht gut nein sagen, wenn die Heißgeliebte einen Wunsch auf den schönen Lippen hat. Und mit zwei Autos sind wir ja mobil; hinzu kommen noch all die Mountain- und sonstigen Bikes sowie mein 19-Gang-Shimano-Renner und das Cambridge-Bequemrentnerrad mit Torpedo-Nabenschaltung und gummierten Handflächenauflagen am Lenkrad – ein Hammer!

Wir wohnen ja schön abgelegen, direkt am Wald. Nach Weiterstadt-Downtown ist es ein gutes Stück, nach Darmstadt auch. Dort wohnen die Freundinnen und Freunde von Tina und Tim, da residiert unser Zahnarzt Dr. Witt (mit dem ich nicht verwandt bin, obwohl meine bekloppte Krankenkasse mir das unterstellte und wir per Testat das Gegenteil beweisen mussten, damit Interimsgeschäfte auszuschließen waren). In Darmstadt ist der Orthopäde zu Hause, die nette Stadtbibliothek, wo man sich preiswert günstige DVDs ausleihen kann; da findet sich Medisport, das Cinemaxx; da gibt es die Geschäfte zum Shoppen (nebenan die Back-Factorys), da befinden sich die Schulen unserer Kinder.

Dass die Freunde Künzel und Gitarrenlehrerin Petra in der nahen Waldkolonie zu Hause sind – ein Segen. Das lässt sich per Begleitung mit dem Bequemrad machen, hinbringen, abholen. Die Gesangslehrerin aber residiert in der benachbarten Metropole. Und das Schwimmbad liegt in Griesheim. Wie der Name schon sagt, nicht bei uns. Tims Handballtraining findet, fusionsbedingt, mal in Weiterstadt, mal im Ortsteil Braunshardt (sechs Ampeln) oder im entfernten Worfelden statt. Manchmal auch in Klein-Gerau. (Lerne deine Heimat kennen – werde Rentner!)

Während wir unseren Hausarzt in Gräfenhausen – dort ist auch Raiffeisen mit den Lebendfallen – antreffen, ist die Kinderärztin dort, wo das Schwimmbad ist – in Griesheim – zu Hause. Roman, Freund von Tim, wohnt in Pfungstadt. Und seine Schule, in der ich Fördervereinsvorsitzender bin, liegt wie die von Tina am anderen Ende von Darmstadt. Das uns nahe gelegene Ende Darmstadts juckt uns nicht, da gibt es nur zwei Moscheen, und wir haben keinen Migrationshintergrund.

Tina hat gerade von der Volksschule zum musisch betonten Gymnasium gewechselt, Klassenfeste mit Grillen (natürlich getrennte Grillstätten wegen Schweinefleisch und dem Hintergrund, der mit ›M‹ anfängt) fanden stets dort statt, wo Darmstadt längst aufgehört hat, Stadt zu sein. Zweimal acht Kilometer und kein Lokus dabei. Müßig zu notieren, dass all dies mit Fahrerei verbunden ist. Hin und zurück mit Pause zwischendrin. In der es sich günstig fügt, dass das andere Kind auch irgendwohin muss.

Nach Worfelden bringen oder Abholung in Griesheim? Der Tag beginnt also mit der Fahrdienstleiter-Konferenz, die ich mit mir allein austrage, nachdem ich das DIN-A4-Blatt mit den Tagesanweisungen studiert habe. »Ich brauche heute den Kombi. Nimm du den Zweisitzer.« Oder andersherum. Manchmal sind nur die Räder einzuteilen und die Luftpumpen zu suchen. Der Kombi lohnt auch, um havarierte Räder heimzuholen samt Kindern, die irgendwo mit einem Platten in der Pampa stehen.

Gut auch, wenn man Arbeitshandschuhe im

Auto hat, damit abgesprungene Ketten wieder aufgesetzt werden können. Das spart das Umlegen diverser Sitze und das Verladen.

So schön es ist, dass Autobauer viele Ablagen schaffen und gut Platz unter den Sitzen ist; sie haben, was Kinder angeht, nur Grütze im Kopf. Die ganzen Dinger müssten abgeschlossen sein. Unter den Sitzen sollten sich ausziehbare Schubladen befinden. Eine Packung ›Maoam‹ produziert genau wie halbierte Tempotaschentücher und Silberfolien von ›Wrigley's‹ ungeahnte Mengen Abfall an ebenso ungeahnten Autostellen. Da Autowaschen und Innenraumreinigung auf Grund der technischen Kompliziertheit schon immer Männersache waren, entpuppt sich der Verzehr von Süßigkeiten durch die Kinder in unseren rollenden Untersätzen als neuer Zeitklau-Faktor. Man sollte auch unter den Fußmatten nachschauen. Auch die Sand- und Kiesel-Kollektionen in den Vertiefungen der Sitzbänke können von wissenschaftlichem Interesse sein, während die Fettfingerabdrücke auf Scheiben innen und außen mit handelsüblichen Produkten und Küchenrollenpapier relativ leicht zu entfernen sind.

Der klemmende Beifahrersitz im Skoda war auf eine Puma-Socke zurückzuführen, die in der Bodenschiene verkeilt war. Der fünfte Reservehausschlüssel mit der ellenlangen grünen Schnur lag im Handschuhfach unter geschmolzener Schokolade mit ganzen Nüssen. Unglaublich, was 32 Grad Außentemperatur aus Schokolade machen können.

Neben dem Zeitfresser Hol- und Bringdienste

muss auch der »Tach, Herr Witt! Können Sie unseren auch mitnehmen, wenn Sie sowieso fahren?«-Faktor mit in Betracht gezogen werden. Früher, als ich noch nach Frankfurt und Kassel zum Arbeiten fuhr, hat mich nie wer gefragt. Jetzt bin ich zum Vater aller Fahrgemeinschaften mutiert, transportiere häufig verschwitzte Handballkinder, die vollgepackte Sporttaschen ins Heck werfen, um dann mit jugendlicher Kraft die Tür so zuzuschmeißen, dass die Tachoscheibe vibriert. Tim nimmt neben dem Vater Platz. Grußlos fällt so mancher pubertierende Jüngling auf den Rücksitz; keine Ahnung, wer das ist, scheint aber real zu sein, weil er dem Alten da vorne am Lenkrad recht griffig diktiert, wie er im Neubauviertel zu chauffieren hat, damit der Knabe vom Auto aus gleich ins heimische Wohnzimmer fallen kann. Jüngst hat einer »Danke fürs Mitnehmen« gesagt; ich traute meinen Ohren kaum.

Sind die Fahrzeuge von muffigen Mitfahrern und Müll entsorgt, lohnt sich ein Blick in Schulranzen und Abgründe, die sich dort auftun. Unglaublich, wie viele Wochen sich Knäckebrot mit Emmentaler frisch hält, obwohl acht Kilogramm Schulbuch darauf drücken. Was man von Apfelschnitzen mit mildem Schimmelgrauschleier nicht behaupten kann. Ausgelaufener Joghurt mit Erdbeereinlage, das ist dann schon ein Fall für Schulranzen und die Duschkabine.

Gut, dass sich die zweite Puma-Socke zum Physikbuch verirrt hat. Obwohl wir natürlich auch ständig das Phänomen der vagabundierenden Einzelsocken haben und uns den weltweit bekannten Schwund nicht erklären können.

Von all dem ahnt die holde Gattin nichts, die nach dem letzten Saunagang vor zwei Wochen drei Saunatücher, zwei Handtücher, Aufgussmittel, eine Langstielbürste, Hautcreme, Apfelschorle, Haarbürste, Bikinioberteil und zwei ehemalige Bananen im Kofferraum vergessen hat.

Teile davon ab in die Waschmaschine! Und Gelegenheit, vorher noch die Kinderzimmer unter die Lupe zu nehmen; halbvolle Waschmaschinentrommeln lohnen nicht. Dass die Bitte an Tina, ihr Zimmer aufzuräumen, Ergebnisse zeigte, ist erfreulich. Dass aber alles, was da rumlag, sich nun unter der Bettdecke findet, scheint kritikwürdig.

Eine Stunde später Waschküchenüberschwemmung. Eine 50-Cent-Münze vor dem Ablaufsieb sorgt für Vollreinigung der Räumlichkeit, zwei Eimer voller Schmutzwasser, nasse Knie vom Bücken und Herumrutschen. Künftig werden alle Jeanstaschen von Tim gefilzt; zumindest hatte ich mir das bei der drittletzten Überschwemmung vorgenommen. Das Wunder der Zentrifugalkraft, sprich der Waschmaschinentrommel, beschert mir aber auch ein kleines Zusatzeinkommen. Herausgeschleuderte Münzen stecken, sofern sie nicht das Sieb blockieren, in der Dichtung hinter der Frontklappe, vermählt mit kaltnassen Kaugummifragmenten und verknüllten, aber immerhin frisch gewaschenen Papierschnipseln.

Dass Tims Nokia 112 Minuten im Ökogang überlebt hat, habe ich das Unternehmen wissen lassen. Die Antwort steht seit Wochen aus. Eigentlich ist die Sache ein echter Knaller, ein Fall für die Fernsehwerbung, doch die Nokias sind zu doof dazu.

»Und wie schlägst du deine Zeit so tot?«, fragte mich Luigi vor kurzem in meinem Stammlokal und konnte sich gerade noch vor einem massiven rechten Schwinger in Deckung bringen. Er ist weder alter Vater noch Rentner dazu und sollte gefälligst provokante Äußerungen dieser miesen Art für sich behalten. Initialzündung bei ihm war, wie sich später herausstellte, dass ich ab und an gegen 11:30 Uhr dort vorfahre und einen schönen heißen Kaffee zu mir nehme. Vorher habe ich Tinas vergessene Sporttasche zum Gymnasium gebracht, in Ermangelung eines Parkplatzes im Halteverbot geparkt, mich von einem Anlieger anmeckern lassen und auf dem Rückweg nach Hause noch Geschirrspülmittel vom ›Aldi‹ mitgenommen, Diesel getankt, den Reifendruck überprüft und in der Werkstatt Bescheid gesagt, dass die Inspektion bald fällig ist.

Welche Zeit, lieber Luigi, soll denn da von mir noch totgeschlagen werden, wenn ich im Anschluss an den Kaffeegenuss die Wäsche in den Trockner umlade, die Post mit nach oben nehme und Basmati-Naturreis aufsetze, damit Tina gleich essen kann, wenn sie von der Schule heimkommt? Für Tim schnetzele ich eine Putenbrust dazu. Das macht zwar Arbeit, ist aber preiswerter, als schon geschnetzelte zu kaufen; als Rentner muss man Preise vergleichen. Vorausgesetzt, der Ruhestandskollege zieht endlich den verdammten Einkaufswagen weg, den er wie ein Bollwerk immer dorthin an der Tiefkühltruhe schiebt, wo ich gerade Preise vergleichen will. Für Tina produziere ich eine vegetarische Zusatzvariante, schneide Äpfel, Kiwis und Mandarinen klein.

Letztens hat Tina beim Anblick des Topfs mit dem Reis »Milchreis!« gejubelt. Es ist übrigens kein Problem, zu fertig gekochtem Basmatireis etwas Milch und Zucker hinzu zu geben und ihn dann als süßen Milchreis der begeisterten Tochter anzudrehen.

Unsere familiäre Arbeitseinteilung sieht also so aus, dass ich Rentner bin, sich meine teilberufstätige Gattin zusätzlich zu ihren dringlichen Verpflichtungen wie Lauftreff, Doppelkopfrunde, Gymnastikclub, Fahrradverein, Saunatreff, Jutta besuchen oder Schwimmbad auf jeden Fall um alle schulischen Belange kümmert und um die Hausaufgaben. Was für mich eine entscheidende Entlastung ist. Es wäre auch für die Kinder unangenehm, wenn sie nach Papas Feierabend gegen Mitternacht Hausaufgaben machen müssten.

Der größte Feind, der sich mir seit Monaten entgegenstellt, ist unsere Nahverkehrs-Organisation. Fast vor der Haustür existiert eine noble Bushaltestelle, die – Fahrdienstleiterentlastung – zunehmend von den Kindern genutzt wird. Allerdings scheinen die Busse oft wesentlich früher loszufahren, als unsere Kinder laut Fahrplan denken. Zwar kommen alle Rentner, auch normale Menschen aus der Nachbarschaft, immer mit den Bussen mit, doch gegen unsere Kinder haben die Busfahrer was und hauen vor der Zeit ab. »Papa, der Bus ist weg!«

Es ist nicht angenehm, in aller Herrgottsfrühe, ungeduscht, ungefrühstückt, unzahngeputzt einen Schumi-Schnellstart hinzulegen, damit das arme Kind keinen Eintrag in der Schule bekommt. Mit schalem Geschmack im Mund und Bock auf heißen Kaffee reiht man sich in den Pendlerverkehr ein, mit einem Auge auf der Uhr, dem anderen auf der Ampel.

Die mehrfach erzielten Pünktlichkeitserfolge des Erziehungsberechtigten motivieren leider die Kinder zusätzlich, mit den Busfahrzeiten reichlich locker umzugehen. In ihren gemeinen Hirnzellen etabliert sich die böse Idee: Wenn der Bus weg ist, macht das der Papa schon. In Kürze bin ich eine Woche verreist und mir ziemlich sicher, dass die bösen Busfahrer dann schon 20 Minuten vor der Zeit da sind, um die Meinigen mitzunehmen.

Die Kinder-Notfahrerei mopst mir eine gute halbe Stunde. Noch eine drauf, dann ist die Waschmaschine durch, und ich kann das Zeug aufhängen oder in den Trockner packen. Vielleicht findet sich noch Münzgeld. Das Bügeln ist mit meiner Dampfbügelstation ein Klacks. »Denk bitte dran, destilliertes Wasser mitzubringen. – Ja, Schatzi, fahre ja schon.«

Tim, vom Vater Preisvergleich-Gene geerbt, hat jüngst in der ›Metro‹ festgestellt, dass der 10-Liter-Behälter destilliertes Wasser einen Cent billiger ist als zwei zu fünf Liter. Respekt, mein Sohn. Auf den Cent hat der Alte aber gepfiffen. Es ist nämlich eine Heidenarbeit, einen Zehner-Kanister so hochzustemmen und festzuhalten, dass ein schmales Rinnsal in die Aufnahmetülle des

Dampfbügeltanks gelangt. Mit einem ›Fünfer‹ schont man da die alten Knochen.

Obwohl für unsere/meine Familieneinkäufe stets ausgebuffte Pläne entwickelt werden, schriftlich, sind die keine einfache Übung. Milch 3,5% Fett, Joghurt ohne, natur, Vollkornkekse, Müsli mit viel Ballaststoff und keinem Zucker – da entwickelt die kaum vom Einkäufer allein gelassene Familie unablässig neue Einkaufsideen. Zu diesem Zweck ruft man den Papa mehrfach auf dem Handy an, das ausgeschaltet zu Hause auf dem Schreibtisch liegt. Beim zeitraubenden Mailbox-Abhören nach der Wiederkehr begegnet man der Forderung nach Bimsstein, wattierten DIN-A4-Umschlägen und einer Kiste Gerolsteiner Wasser, Tomaten mit Geschmack, die man nirgendwo kaufen kann, einer Salatgurke und Feta-Grillkäse mit Kräutereinlage, die es im ›toom‹-Markt als Sonderangebot gibt. Und Tim hat sich noch eine Dr.-Oetker-Schoko-Kirsch-Kuchenbackmischung gewünscht. Nachdem ich die Ware prompt – sechs Kilometer – auch noch geholt habe, lese ich auf der Oetker-Packung, dass der Kuchen nur funktioniert, wenn man ein Glas Sauerkirschen mit reinbackt.

Zeit totschlagen. Von wegen! Jetzt kommen bald die Kinder nach Hause. Ich habe im Garten Pflaumen gepflückt, muss sie noch entsteinen. Tim mag sie nicht so sehr; die eine, die er probiert hat, war säuerlich-pampig mit braunen Krümeln drin. Ich zeige dem Junior, dass er da eine mit Fleischeinlage verkostet hat, und er will zu Recht wissen, wie ein Wurm in eine auf drei Metern Höhe baumelnde Pflaume gerät. »Der Papi weiß vieles«, sage ich, Tim komplettiert dann: »Aber nicht alles.« Auch die Google-Eingabe ›Wurm, Pflaume, drei Meter‹ bringt uns nicht weiter, allerdings zur Leichtathletik-WM und dem Hochsprung.

Von Tim habe ich gelernt, dass ein Sixpack nicht aus Jever-Pils besteht, sondern dass die Bauchmuskulatur damit gemeint ist. Er arbeitet hart und freiwillig mit Sit-ups an seinem Waschbrettbauch, der einen herrlichen Hautkontrast zu seiner Pubertärpickelgesichtshaut aufweist. »Bring bitte Clearasil mit.« Tim, Sportskanone, bevorzugt magere Steaks, Putenschnitzel, Hühnerfilets. Tina ist, wie gesagt, Vegetarierin – und Papa kocht mittags, auch häufig abends, für beide. Man erkennt unschwer, dass die Rentnerfreizeit zwischen 8 und 13:30 Uhr schon reichlich ausgefüllt ist, obwohl Rasen mähen, Autos auftanken, das Gerolsteiner noch holen, Wohnung saugen, Toilettenpapier nachlegen, Küche aufräumen noch gar nicht erwähnt wurden.

Tina hat sich ein Käseomelett gewünscht. Das muss langsam stocken, gar, aber trotzdem saftig sein. Meine Omeletts bis zu drei Zentimetern Dicke lassen selbst Lafer und Wieners Sarah erblassen; kochen kann er, der Papa. Für Tim – ich muss noch Asia-Chicken-Sauce besorgen, die liebt er trotz der Inhalte – gibt es ein Putenschnitzel mit Salzkartöffelchen und Saisongemüse. Das Blech mit dem Zwetschgenkuchen ist schon vorbereitet, also Ofen vorheizen und dran denken, Sprühsahne einzukaufen.

Morgen Vormittag habe ich zwischendrin einen Termin bei der Fußpflegerin. Die macht das wirklich toll, und meine Sandalenfüße sind ein Leckerbissen. 25 Euro kostet das. Das unbändige Gebabbel von Katharina gibt's umsonst. »Jetzt hast du mal schöne Zeit für dich pflegen«, gurrt die Griechin ganz in Weiß. Offenbar duzen sich alle in Griechenland. Kann die nicht einfach ihre Raspelarbeit machen und einen in Ruhe lassen, wenn es sowieso verdammt auf den Fußsohlen kitzelt? »Dann bringst du mir heute Mittag noch den Tim mit seine eingewachse Zehenagel«, verkündet sie lächelnd und zeigt ihr phantastisches Raubtiergebiss. Ich darf noch eine Weile in ihren respektablen Ausschnitt schauen, sinniere über Wunderwerke der Textilindustrie und die Erdanziehungskraft.

Tim will da am Mittag nicht alleine hin. Bevor ich in der Apotheke Mobilat-Salbe hole und bei ›Lidl‹ für Tina sehr preiswerte Plastikhüllen für Schulbücher, baue ich die Tim-Versorgung noch mit in die Timetable ein. Auf dem Rückweg nehme ich bei ›Bikemax‹ Tinas Mountainbike mit dem Kombi mit, drehe aber noch mal die Kurve zur ›Metro‹, weil dort die Asia-Tunke für Tim ein Drittel von der im ›toom‹-Markt kostet.

Diesmal wird Chris sagen, dass ich mein Handy mitnehmen soll für alle Eventualitäten und Zusatzeinkäufe, mit Sicherheit wird mich ihre Bestellung erreichen, wenn ich – wie immer – gerade bei der ›Metro‹ vom Parkplatz runter bin. Destilliertes Wasser, genau, das brauchen wir auch schon wieder. Und Kiwis. Außerdem können wir 5-Liter-Mülltüten nicht gebrauchen, die Behälter sind größer, 10-Liter-Beutel organisiere ich noch rasch.

Weißmehl ist bei uns bis auf den Pflaumenkuchenteig – also mit Vollkorn schmeckt der echt Scheiße – verpönt. Dickmacher sowieso. Bei meiner täglichen Küchengratwanderung zwischen Fleisch und Vegetarischem muss ich an Abwechslung denken. Mal ein griechischer Hirtensalat, wie ihn noch nie ein griechischer Hirte gesehen hat, mal Putengeschnetzeltes mit Reis, mal Salzkartoffeln mit Blattspinat und Spiegelei, Kartoffelgratin, Quark mit Früchten, Joghurtsuppe ohne Knofi, spanisches Omelett, Bratwurst mit Bratkartoffeln, Reisauflauf, Grießbrei mit Früchten, Spaghetti Carbonara (Hartweizengrieß) – es gilt, Abwechslung zu bieten und sich Gedanken zu machen. Auch das nimmt Zeit in Anspruch.

Zwischendrin dann mal wieder die Spülmaschine laufen lassen, Überweisungen müssen raus, 1200 Quadratmeter Garten liegen verlockend vor mir samt Pflanzen, die ich nie gesät habe. Tomaten ernten, genau, das hätte ich prompt vergessen. Der Salbei strotzt, könnte man ein Omelettchen mit machen. Der Rosmarin steht voll im Saft; ich entscheide mich für Rosmarin-Polenta, die ich hinterher selber essen muss, weil Tina sagt: »Papa, im Teig sind so komische Dinger drin.«

Als es im letzten Dezember hieß, wir wollen eine Katze, habe ich mich verweigert. Ich wollte keine. Natürlich ist sie trotzdem da, ›Nunu‹ heißt das Tier, klein, schwarz, haart wie Sau – alles voll. Ich mache ihren Dreck nicht weg, füttere sie mal mittags, das ist alles. Ist nicht meine Katze. Das Mistvieh – ich bin bekennender Katzenhasser – bringt uns zum Dank für Tierarztkosten, Kittekat, Schmuseeinheiten außer den schon erwähnten bibbernden Mäusen ständig zerfetzte Jungamseln, halbierte Spatzen, flügellahme Kohlmeisen und tote Libellen ins Haus. Tüchtige Katze. Wer nimmt die Notschlachtungen vor, bestattet gedrittelte Vögel, Libellen ohne Rotor, die sich auf der Stelle drehen? Wer jagt amputierte Mäuse mit drei Beinen? Fängt lebende ein, die mitten im Esszimmer sitzen, paralysiert, der schwarzen Bestie wegen? Man kann es sich denken.

In den letzten vier Wochen haben wir alles, was wir auf über 150 Quadratmeter verrücken können, verrückt. Die Hinterlassenschaften der Maus, angenagte Kartoffel, Mäuseknüddel lassen Ekel aufkommen, wecken aber auch das Jagdfieber. Zwei Schlag-, eine Lebendfalle. Alles mit Nutella präpariert. Pappt gut, härtet aus, duftet aber noch.

Heute Nacht gegen drei Uhr ein metallisches Ping, dann ein Scheuern, Wetzen, immer leiser werdend. Ich sitze im Bett, weiß: Das war's für die mistige Maus. Heute Morgen: die Falle zugeschnappt – die Maus weg. Wohin? Verendet die jetzt in irgendeinem Halbschuh? Zwischen Büchern? In einem Regal? Muss wieder alles gerückt werden? Ich sperre Nunu im Schlafzimmer ein, bin guter Hoffnung, dass sie das Exemplar, das sie selber angeschleppt hat, jetzt irgendwie alle macht. Nunu maunzt kläglich, nach zwei Stunden Mäusegulag kommt sie stinksauer und mauslos aus dem verrammelten Schlafgemach heraus.

Gelegenheit, das tonnenschwere Ruf-Doppelbett mit den geilen Bettkästen wegzuzerren, die Maus zu suchen. Jetzt sieht das Schlafzimmer wie eine Baustelle aus – aber ohne Maus. Weil eh alles ab- und weggerückt ist, geht der wackere Hausmann mit dem Sauger ran, wischt gleich feucht – der Maus ist es zu danken. Wieder eine Stunde verloren. Bei weiteren Rückaktionen in Tinas Zimmer drei schmutzige Einzelsocken gefunden, eine Unterhose. Unter einem Zeichenblock. Plus 55 Cent, einem Kugelschreiber, einer Haarspange. Tina ist unsere Geniale. Wie alle Genies nicht so sehr ordentlich. Ich frage mich, wo Beethoven seine Socken und Goethe seine Haarspange verwahrt haben.

Tina hat ein Opa-König-Gen. Das war mein Großvater, und der hat schon am Morgen gesungen. Bis zu seinem 78. Lebensjahr. Da hat er morgens geschwiegen für immer. Tina beginnt und beendet den Tag mit Gesang. Weil sie sehr laut singt und die Musik vom Computer noch lauter ist, hört sie Ermahnungen nicht, Bitten, Gebete. Sie singt unablässig wie ein Automat. Ein fröhliches Kind. Sie singt englisch, französisch, italienisch. Und ist im Opernchor am Staatstheater. Ein Fahrdienst, der nach den Theaterferien wieder hinzu kommt. Manchmal erfährt sie gleich nach dem Abliefern, dass der Chor ausfällt; sind halt Künstler beim Theater. Da bin ich dann schon vier Kilometer weiter und auf dem Heimweg. Ich fahre dann gleichzeitig hin, zurück und wieder hin. »Du hast vielleicht eine Laune heute«, reklamiert meine nicht singende Frau.

Jetzt treffen sich auch die Pfadfinder wieder in der Waldkolonie montagabends. Wenn ich die Gitarre zur Lehrerin gebracht und wieder geholt habe, mache ich die Pfadfindertour. Und denke, wenn wir reich wären, hätte unser Fahrer ganz schöne Überstunden drauf. Tinalein könnte auch mit dem Bus zu den Pfadis fahren. Weil die Haltestelle nicht vor, sondern hinter unserem Wald liegt, könnte ich sie zu Fuß hinbringen, eigentlich stehenbleiben und gleich wieder mit nach Hause nehmen. Mit dem Auto geht es schneller.

Irgendwo habe ich gelesen, dass die Haltung eines Pferdes oder Kindes im Leben so viel kostet wie ein schickes Einfamilienhaus. Ich merke, dass es kinderlose Rentner, kleinkinderlose, eventuell besser haben als ich. Apropos Pferd: Haben wir auch noch, anteilig. Eine Achal-Tekkiner-Stute. Selten. Fällt mir Chiaras Reitunterricht ein. Wir haben drei Reiterhöfe vor der Haustür. Chiara lernte auf dem vierten Reiten. Der ist am weitesten weg von uns. Noch Fragen?

Häufiger fährt Tim jetzt mit dem Rad zum Handballtraining. Wenn er sich nicht gerade verletzt hat und gefahren werden muss – als Verletzter trotzdem zum Handball oder zu Dr. Ostermann, zu Dr. Lohwasser, zum Orthopäden, zum Röntgenarzt. Mein nächstes Buch wird sich mit deutschen Wartezimmern befassen. Interessant, wie vergrippte Menschen da in die Exemplare aus dem Lesezirkel hineinprusten, sich Schnäuzen, dass die Brocken fliegen und genau auf dem Artikel landen, der vor der massiven Ausbreitung der Schweinegrippe warnt und zum Impfen animiert. »Schon ein Händedruck zur falschen Zeit kann zur Infektion führen«, steht da. Das ›Frau im Spiegel‹-Exemplar hat offenbar Selbstreinigungskräfte.

»Handball ist eine verletzungsreiche Sportart«, hat der Junior vor Tagen verkündet. Der medizinkundige Papa hat die Schwellung auf dem linken Fuß, Innenseite, erst mit Eispackungen, dann mit feuchten, mit osmotischer Lösung und Rescue-Salbe bekämpft. Dann waren wir beim Ostermann, der uns gleich weiter zum Röntgenarzt geschickt hat. Auf dem Rückweg Apotheke.

»Wo habt ihr zwei denn die letzten drei Stunden gesteckt?«, fragt die Gattin mit Skepsis in der Stimme. Tim hat sich beim Handball einmal den Fuß, den Unterarm, den Daumen und die Nase gebrochen. Zu Weihnachten bekommt er einen Gutschein für den Schachclub. Ich bin doch kein Krankenwagen!

Unser romantischer Garten mit den Überraschungsecken und -wegen umfasst besagte 1200 Meter im Quadrat. »Totale Wildnis«, sagt Freund Manuel. »Nein, kontrollierte Wildnis«, sage ich. Und eine Menge Arbeit. Aber jetzt, da ich Zeit habe. Wie bitte? Zeit? Ich? Wann?

Es macht wenig Sinn, Zucchini einen Meter oder länger werden zu lassen. Auch dotterweiche Tomaten sind sinnlos. Petersilie und Schnittlauch schreien nach Wasser, am Komposthaufen wuchern Brennnesseln, Unkraut auf dem großen Parkplatz und links und rechts vom 80 Meter langen Zufahrtsweg. Unkraut oder Schriftstellerei? Über unserem Haus kreist ein Eurocopter. Die Luftbullen. Vielleicht auf der Suche nach einem Berg Navis von Skoda. Sie drehen knatternd ab.

Tim, jetzt auch im Besitz von Sauerkirschen, die Vater organisiert hat, will heute Abend endlich den Oetker-Kuchen mit mir backen. Das wird Ärger geben, denn von seinen Kuchen, von denen gibt er nichts ab.

Dann wird Tina pampig. Könnte Chris regeln, aber die hat Lauftreff-Treffen, weil eins von den Hüpfmädels erzählen will, wie es im Urlaub war. Geschlossene Veranstaltung. Ich werde eingreifen bei den Kids, wenn es nötig ist. Nach dem Rasenmähen. Muss an der Tanke noch fünf Liter Normalbenzin für die Kiste holen.

Man fragt sich, wann ich dieses Buch geschrieben habe. Zum Beispiel, wenn es mal geregnet hat. Da lasse ich den Garten Garten sein. Es hat aber selten geregnet. Immerhin kommen – ein Wunder – täglich ein paar Zeilen hinzu, hier. Jetzt muss ich, wegen der Katze, unterbrechen. Irgendwann bringe ich sie um. Nachher werde ich eine gute Stunde schreiben, habe ich vorhin, gegen zehn Uhr am Vormittag, beschlossen. Erst trage ich noch den Öko zum Komposter, dann geht's los.

Da rief Knut an. Knut, der sagt, er sei nun in Mieming in fünf Jahren sechsmal umgezogen. Wir vereinbaren, dass ich im Frühjahr ein paar Tage hinfahre aufs Plateau und wir eine ordentliche Kneip-Kur machen. Knut erwähne ich nur, weil ich dadurch vergessen habe, den Öko runterzubringen. Daran werde ich zum Beispiel durch jede Menge harte Brotfragmente erinnert, die in meinem Arbeitszimmer und vor der Tür auf dem Treppenabsatz liegen. Nunu hat den Eimer ausgeräumt. Also: einsammeln, Staubsauger holen. Ein bisschen Zeit zum Schreiben bleibt dann noch.

Zwischendrin maunzt das Vieh. Nunu macht nicht einfach ›Miau‹, also den Klassiker. Sie hat unablässig Hunger, was ich vor einiger Zeit daran festmachen konnte, dass die Vorspeisenteller für acht allmählich anrückende Gäste frei von jeglichem Lachs waren. Blöd, wenn es zwischen Küche und Esszimmer keine Tür gibt.

Wenn Nunu Hunger hat, wird sie von mir sofort bedient. Das liegt an diesem Ton. Es ist ein eher fistelndes, stotterndes, künstlich gepresstes ›Mi-ihhhh-ihh-ih-au-auuuuhu‹. Es geht einem massiv auf die Nerven. Klingt nach gedemütigter Kreatur, Leid, Elend, Sahel-Zone. Es ist unerträglich, und das Mistvieh weiß das auch. Also schnell Futter bei, dann frisst sie und hält die Fresse.

So, jetzt ist alles wieder sauber, der Öko nach unten gebracht. Ich hätte nicht barfuß in Sandalen über das feuchte Gras gehen sollen …

Gestern Abend (um noch bei Nunu zu bleiben) habe ich mir mit Chris einen dänischen Spätkrimi angeschaut. Wir haben viel Glasfenster im Wohnzimmer, und die sind in den unteren Bereichen stets von außen massiv zugesaut, weil Nunu klopft, wenn sie rein will. Sie steigt auf die Hinterpfoten und trommelt mit den vorderen gegen die Fenster, bis man das Pochen hört. Clever. Unglaublich, wie rotierende, klopfende, geballte Katzenpfoten Fenster zusauen können. »Die Katze will rein.« Wenn sie raus will, macht sie das auch so. Ergo sind die Scheiben von innen auch verdreckt. »Die Katze will raus.« Was hilft es mir, dass sie nicht meine Katze ist? Öffne ich nicht, kommt dieses grauenhafte Gemaunze. Geht durch Mark und Bein.

»Was machen die Bücher?«, fragen Freunde freundlich. Ich nicke. »Bin am Schreiben.« Ist ja nicht gelogen. Und das alles nebenher. Da ist man so richtig im Fluss. Schreibt da weiter, wo man aufgehört hat. Vorausgesetzt, man hat notiert, was da noch dran soll ans Kapitel. Zwischendrin beim Schreiben ruft Scout an und sucht Tim. Scout heißt wirklich so. Danial klingelt, sucht auch Tim. Karl ruft an und sagt, dass Tim bei ihm ist. Dann ruft Mira an wegen Tina. Oder Sonja, Paula, Binchen. Danah ruft im Wechsel gleichzeitig auf dem Festnetz und dem Handy an. Weil ich mit ihr auf dem Festnetz kläre, ob Tina zu ihr kommt (mit Bring- und Holdienst), schaltet mein Handy auf Mobilbox um. Nach dem Gespräch mit Danah höre ich dann Danah, die mir auf dem Handy per Box zu wissen gibt, ob Tina gerne zu ihr kommen möchte. Schön, dass unsere Kinder einen so großen Freundeskreis haben. Und Papa Telefondienste zelebriert.

Kaum hat Baban geklingelt, ist Vater zur Haussprechanlage geeilt, läutet Leon. Tim ist jetzt 15, und wir fragen ihn nicht unablässig, wo er nun gerade wieder mit dem Fahrrad hinfahren möchte. Dummerweise sind das aber genau die Fragen, die von den Klingelkindern stets gestellt werden.

VISION

Mein Freund Walter de Cecco hat das Stromaggregat (il gruppo) im friaulischen Refugium so umgebaut, dass man locker einen Laptop-Akku dran laden könnte. Wir könnten mit dem Jeep Essen und Getränke hochfahren, dann zum Haus schleppen. Walter würde ›Mandi‹ sagen, oben am Hang verschwinden. Ich sitze nun in der Abgeschiedenheit des Tals an einem der mächtigen Holztische, der Blick schweift in die Ferne, hin zu mächtigen Bergen, zu deren Füßen ebensolche Wälder das Auge erfreuen, über mir zieht der Adler seine Bahn, ab und an zwitschert ein Vogel. Kein Telefon, kein Handy, kein Radio, kein Fernsehen. Geht alles da oben nicht. Keiner klingelt, mosert über Rosmarinfragmente in der Polenta.

Schreiben. Nur noch schreiben. Vorne, am Brunnen, gluckert das kalte Quellwasser. Die Sonne gleißt. Ich schenke mir einen hausgemachten Refosco von Luciano ein, trinke ein Schlückchen. Schreibe weiter. Der Abend, ein Teil der Nacht, sieht mich einsam am Feuer. Tief durchatmen. Sie ist nun bei mir angelangt, die innere Ruhe. Irgendwo weit weg in einem der wilden Nachbartäler röhrt ein Hirsch. Eine Eule ruft in der Nähe. Ich schlafe gesund und erholsam in der frischen Alpenluft. Die Sonne begrüßt mich am nächsten Morgen. Heute werde ich 15 Seiten schaffen, vielleicht 18. Kein Mensch stört mich, hier kommt keiner hin, wenn er nicht muss.

Im Vorwort werde ich das alles festhalten. In der Abgeschiedenheit der friaulischen Alpen, hoch über Gemona del Friuli, sind diese Zeilen entstanden. In absoluter Ruhe und Einsamkeit. Ohne Kinder, Katze. Zwei Wochen hat die Familie großzügig auf mich verzichtet, jetzt ist das Rentnerbuch geschrieben, Verlage zeigen Interesse. Zeit, den ›Jägertod‹ zu beginnen, ›Die koch'ich mir ins Bett, Rainerbub – Heinerbub‹. Vielleicht noch einen Italo-Krimi mit einem Commissario aus Venzone. Und einer Leiche, die im Tagliamento dümpelt.

Kein Knut, der in sechs Jahren fünfmal umzieht oder andersherum. Man muss auch mal Visionen haben.

Aus Unbekannten werden neue Freunde

Wenn man 35 Jahre lang fast tagtäglich ›im Funk‹ war, in Studios in Frankfurt, Wetzlar, Gießen, Bensheim, Darmstadt, Kassel, kennt man die Tagesabläufe zu Hause kaum. Vieles lässt sich erahnen, manches nicht. Kommt man heim nach einem Arbeitstag, ist der gelaufen; man bekommt nur noch das Finale mit, Planungen für morgen.

Jetzt aber bin ich mal da. Und durchs Da-Sein haben sich völlig neue Bekanntschaften ergeben.

Der lange dünne Paketmann von DHL duzt mich fast schon, ein gut gelaunter, hoch aufgeschossener Jungmensch, der verblüfft ist, als ich ihm zum ersten Mal öffne. »Ei, gude, wie denn, Meister?«, er nutzt den alten südhessischen Eingeborenenklassiker. Für wen oder was mag er mich gehalten haben?

Der stets gut gelaunte Ami von UPS hat immer einen netten Spruch drauf. Ich weiß jetzt auch, warum. Bisher mussten die Jungs noch mal wiederkommen, weil vormittags keiner zu Hause war – oder Zettel ausfüllen und in den Briefkasten legen. Das entfällt jetzt weitgehend. Einer, ich, hält treulich Wacht. Es sei denn, bedeutende Tätigkeiten würden mich aus dem Haus treiben.

Maxi-Mail-Fahrräder – das lerne ich – sind mal männlich, mal weiblich besetzt, und wenn ich mal noch früher aus den Federn komme, werde ich mich beim Zeitungsausträger vorstellen. Oder der -austrägerin.

Misslich nur, dass die nette Blondine von der Post nicht mehr kommt. An freien Tagen traf ich sie früher, Plauderchen zwischen Tür und Briefkasten. Zwei-, dreimal hatte ich sie abends in einem Lokal in der Nachbarschaft gesehen, mit glücklichen Augen auf Wolke neun, verliebt in einen Brocken von Mann mit rasiertem Schädel, der sie nach dem Essen auf eine schwere Maschine packte und mit ihr davonknatterte. »Und, wie geht es Ihrem Galan?«, hatte ich sie mal gefragt, als sie wegen eines sperrigen Umschlags, der nicht in den Briefkasten passte, läutete. – »Aus und vorbei. Is auch gut so.« Er habe sie bei einer Auseinandersetzung die Treppe hinuntergeworfen, sie verprügelt, habe – während ihrer Liaison – eine Maid aus Gelsenkirchen hinter ihrem Rücken geheiratet. Stoff für eine Anti-Männer-Novelle vielleicht, wenn ich intensiver nachgehakt hätte.

All diese Gestalten, all diese dienstleistenden Mitmenschen sind plötzlich aus dem Nichts aufgetaucht. Ich lerne den Schornsteinfeger kennen, netter Kerl. Jahrzehnte habe ich seinen Vorgänger und ihn nur erahnt. Zielgerecht dringt er ins Haus ein, geht in Tinas Zimmer, von dort geht es zum Dachboden hoch. Er winkt ab. »Lassen Sie nur.« Ratternd kommt die Dachtreppe nach unten; der Mann kennt sich aus.

Die neuen Nachbarn habe ich jetzt auch kennen gelernt. Von der Optik her weiß ich, wer im Haus hinter uns eingezogen ist. Die andere Nachbarstochter ist inzwischen ein Vollweib geworden; vor zehn, zwölf Jahren habe ich sie zum letzten Mal gesehen.

Das Da-Sein beschert einem auch junge, knackige Mütter mit schönen Ausschnitten und engen Jeans, die ihre pubertierenden Töchter oder Söhne bei unseren abliefern, oder sportliche namenlose Bringväter ohne Bauch mit Vollhaar, die zu meiner Frau »He, du« sagen und ihr vertraute Blicke zuwerfen. Völlig neue Welten.

Tochterfreundinmutter Amal hat mir jüngst bei einer Tina-Abholung in ihrer traumhaften Hütte komplette Reste einer opulenten Mahlzeit vermacht, dann haben wir auf der Terrasse eine geraucht und einen guten Schluck veritablen Roten zu uns genommen. Am helllichten Tag. Als arbeitender Mensch wäre ich nie dazu gekommen. Dann hat sie mir schelmisch lächelnd das lange Schwarze vorgeführt, weil sie die Merkel trifft und das immerhin ein Ding sei. Das alles mitten am Tag, wenn andere schaffen gehen. Völlig neue Welten. Man muss nur ›da‹ sein.

Die Hol- und Bringdienste haben am Rande aber auch etwas Gutes: Sie öffnen einem die Augen. Für die Schönheiten der Natur, für den sympathischen Weihnachtsmarkt in der Waldkolonie, für Abenteuerspielplätze im Wald. Man lernt – wir gehen im Wechsel zu Elternabenden – völlig unbekannte Ethnien, Sitten und Gebräuche kennen. Und so manches Geheimnis erschließt sich einem.

Bislang kannte ich nur die Adressaten und die Summen, die per Abbuchung rausgingen für Dinge, die unsere Kinder betreiben. »Wir kennen uns von früher«, flötet die Gesangslehrerin und erläutert, dass es eine Ausnahme ist, wenn ich bei Atem- und anderen Übungen kurz dabei sein darf. Also künftig: Kind absetzen, dann zum ›K & K‹ laufen, Platz nehmen, warten, einen Latte Macchiato trinken. Bei Tims Handballer-Jahresversammlung begrüßen mich drei Altathleten hoch erfreut mit Handschlag. Keine Ahnung, wer die sind, aber nett.

Dreimal treffe ich bei Tina-Wartediensten Yves, den ich sonst nie treffe, einmal Ruth, einmal sogar Trudi mit Horst. Alle im ›K & K‹. Wo man auf dem Präsentierteller sitzt, Knackärschen nachschauen kann, Multikulti wahrnimmt und feststellt, wie groß doch die Zahl der Dicken und Fetten in deutschen Landen geworden ist. Vorbei mit dem Job-Tunnelblick, jetzt bin ich Seh-Mann. Yves erklärt, dass er jetzt auch in Rente ist, in wichtigen Dingen unterwegs. Er betreibt eine agile Literatur-Initiative, und schon hat er mir einen Lesungstermin für den Herbst verpasst. »Du hast ja jetzt die Zeit.«

Meine Tochter kommt fröhlich an, Kakao mit Sahne. 2.70 Euro fürs Parkhaus, Latte und Kakao 4.40 Euro – Kohle, die ich noch vor Monaten um diese Zeit nie ausgegeben hätte. Ganz abgesehen von der für Gesangsunterricht.

PUBERTÄT – EINE ZUSATZKOMPONENTE

Da wir alle einst in ihr waren, überrascht uns die Pubertät der eigenen Kinder nicht sonders. Damit war zu rechnen, jetzt geht es los. Erste Pusteln bei Tim, es werden mehr werden, Clearasil wird angeschafft. »Ich fahre ja schon.«

Bei Tina wird es wohl noch dauern – dachten wir. Doch dann stürzte wie ein mächtiger Gewitterregen duales Pubertieren auf uns ein.

»Du mit deinen Monstertitten!« Tim ärgerte Tina, wir waren entsetzt. Unser Sohn – und diese Gossensprache. Wenn wir auf das, was man vornehm auch primäre Geschlechtsmerkmale nennt, zu Hause zu sprechen kommen, wird von Busen, vielleicht von Brust gesprochen. Aber Titten? »Also, Tim, das wollen wir nicht hören.«

Allerdings hat er in der letzten Zeit auch öfter »Fick dich« gesagt oder sich in mysteriösen Kurzformeln ausgedrückt: »HdM.« Was nicht ›halt den Mund‹, sondern ›halt dein Maul‹ heißt. Klar, die Kinder, unsere, bringen das aus der Schule mit; sie adaptieren, was sie von anderen, schlecht bis gar nicht erzogenen ordinären Proletenbälgern mit auf den Weg bekommen. Unsere Erziehungskriterien sehen solche Entgleisungen nicht vor. Wir bezeichnen auch im Streit Freunde nicht als ›Schwanzlutscher‹, ›alte Schwuchtel‹ und bleiben am Verbots-Ball. Das wollen wir nicht hören, das passt nicht zu uns. No go.

Dann stellen wir die schon angedeutete Duplizität der Ereignisse fest. Tim schließt sich neuerdings im Bad immer ein, Papas Rasierapparat liegt an wundersamen Orten, Tina zelebriert, vor der ganzen Familie und mit Mutterns BHs samt gemopster Stöckelschuhe das, was sie für eine Erotik-Show hält. Bei Tina knospt es oben herum. Gang der Dinge, sie zwölf, Tim jetzt 15, sie entwickeln sich halt heutzutage früher, als es einst bei uns der Fall war. Abgehakt.

Doch dann kommen die Aufsässigkeiten im Zweierpack, die ich nun volle Kanne mitbekomme. Zu Arbeits-Zeiten gab es nur gelegentliche Rückmeldungen durch die Gattin, doch jetzt sind es Breitseiten. Man fragt sich manchmal, ob diese Monster wirklich eigen Fleisch und Blut sind. Von uns – nein – können sie ›das‹ nicht haben.

Das Vater-Mutter-Gespräch, isoliert am großen Gartentisch. Wir stellen fest, dass sie nun beide mittendrin sind. Erst sichtbar, jetzt aber auch hörbar. So hörbar, dass es den Familienfrieden (wo gibt's den immer?) stört. Sind diese beiden störrischen Wesen wirklich die unsrigen? »Kann ich helfen?«, hat Tim doch immer so nett gesagt. »Gleich, gerne«, Worte unserer Tochter. Doch jetzt – schlimm. Dreimal Rufen, fünfmal Bitten verpuffen wirkungslos. »In drei Minuten fährt dein Bus.« – »Mir doch egal, ich such mein Deo.«

Es wird gelegentlich nun etwas lauter beiderseits, die genervten Eltern denken über Kommandostrukturen, Strafexerzieren, Hausarreste unbarmherzigen Ausmaßes nach, sogar über einen irgendwo offerierten Lehrgang, fünf Doppelstunden. Irgendwas mit modernen Erziehungsmethoden, Erfolg verheißend.

Der Rentner-Vater studiert an Samstagen aufmerksam die Zeitungen der Region, die Stellenanzeigen. Denkbar, dass jemand aushilfsweise einen gedienten Journalisten sucht. Man könnte der heimischen Hölle entfliehen, stunden- oder tageweise. Keine Chance. Dafür Dialoge mit der Mama. Man stellt im Vater-Mutter-Gespräch fest, dass man Erziehung ja nicht gelernt hat; das Fach hat in Schule und Studium keine Existenzberechtigung gehabt. Also schwimmt man im Mainstream, erzieht, wie man es für richtig hält. Ich war ja bislang nur Feierabend-Erzieher und ein solcher am Wochenende. Die Kinder sind von mir moderate Umgangsformen gewohnt; manches sah ich locker, doch jetzt, jetzt bin ich mittendrin, voll da. Und treffe auf Neuland. Die sind ja immer so, die beiden. Wer hätte das gedacht?

»Von mir haben die das nicht«, räsoniert meine Frau. Ich erinnere daran, dass wir ja auch mal pubertär waren. »Aber doch nicht so.« Schwierige Zeiten. Besonders für mich. Der ich ja nun als Rentner tagsüber mit diesen zwei Süßen häufiger denn je die Zeit verbringe. Also kriege ich auch mehr ab. Vor allem Abwendung statt Zuwendung. Eine weitere, einst ungeahnte Komponente des Rentnerlebens, die mich völlig unvorbereitet erwischt.

»Tim, bringst du bitte den Öko(-Abfalleimer) auf den Kompost?«

Er nickt: »Nachher, wenn ich geduscht habe.«

Er soll das gleich machen.

Und kontert dreist: »Dem Öko ist das doch egal, ob er jetzt oder in fünf Minuten runterkommt, oder?«

Eigentlich hat er Recht. Doch es geht hier ums Prinzip und um die Frage der elterlichen Durchsetzungsfähigkeit. »Nein, bitte jetzt.«

Tim zieht seine Jeanshose aus. »In drei Minuten habe ich geduscht.« Er verzieht sich.

Ich denke: Gut, da bringe ich den Behälter runter, der bis zum Rand mit Wassermelonenresten, leicht angematscht, zum Greifen nahe steht. Was ich mir umgehend verbiete. »Du musst damit aufhören, den Kindern alles wegzuräumen, was hier irgendwo herumliegt«, hat mir meine Süße empfohlen. »Hinterher stehst du wieder mit Leidensmiene da samt dem Hinweis, dass du 67 bist und so viel Arbeit hast wegen der Kinder.«

Stimmt, die habe ich. Also mache ich mir ein Plänchen für den nächsten Tag. Tinas Bluse liegt am Kindercomputer, die Schuhe von Tim in meinem Büro. Im Wohnzimmer hat die Tochter freundlicher Weise Wachs von einem alten Leuchter abgepittelt, es liegt noch auf dem Tisch. Da gilt es, weil ich ordnungsliebend bin, den Kindern morgen mitzuteilen: wegräumen.

Am Abend beschließe ich gegen 21 Uhr noch ein Bier um die Ecke beim ›Napoli‹ zu trinken. Trifft man immer Bekannte, plaudert ein wenig, Abwechslung nach einem langen Tag. Tina, die um acht zu Bett gehen sollte, sucht ihren Zeichenblock, Chris das Fotopapier, um noch ein Foto auszudrucken. Tina hat es zuletzt gehabt. Wir suchen zu viert. Der Zeichenblock taucht auf, das Fotopapier nicht. Es muss da sein! Aber wo?

Vor Wochen war ein Mobiltelefon von unserer

Telefonanlage spurlos verschwunden. Knopf an der Basisstation drücken – nichts zu hören. Haus absuchen, Garten, Garage, Waschküche. Satteltaschen, Schulranzen. Schränke, Schubladen, obendrauf, untendrunter. Nach zwei Tagen finde ich es. Unter einer Puppe in Chiaras Wandregal. Drei Stunden Lebenszeit unwiderruflich verloren. »Das Mobiltelefon gehört nach Benutzung in die Ladeschale.« Alle nicken. Dreißig Minuten später erneute Suche. Tinas Gutscheine, die sie zum Geburtstag bekommen hat, sind spurlos verschwunden. Wie mag das in anderen Familien sein?

Tim kommt aus dem Bad mit einer Calvin-Klein-Unterhose, die mir sehr bekannt vorkommt. Chris muss Nagellack, Entferner und Lippenstift nachkaufen. Tina liebt zunehmend private Modenschauen vor einem der vielen unser Heim zierenden Spiegeln – samt einer Kollektion von Fettpatschern darauf; jeder Lehrling beim Erkennungsdienst hätte seine reine Freude daran. Randerscheinungen.

Das Schlimmste ist die Widersprecherei. Chris, weit weg im Büro, kriegt das ja nur in Fragmenten mit, wenn sie nach Hause kommt. Da bin ich mit den Pubertierenden schon durch das Dickste durch und habe gelitten. Was ich mache, was mit diesen beiden Kindern, die mal unser Fleisch und Blut waren, die jetzt von fremden, titanischen Genen gesteuert werden, die sich in das wertvolle elterliche Erbgut reingemogelt haben, geregelt werden muss, geht teilweise schief. Einst einigermaßen aufgeräumte Zimmer sehen aus, als hätte eine Bombe eingeschlagen. Vaters

Bitte, den Zustand zu beenden, erfährt sofort eine knallharte Abfuhr. »Hausaufgaben, Zähne putzen, Mittagessen – was soll ich denn noch alles machen?«

Waren wir damals auch so? Undenkbar.

Da habe ich mich auf die Rentnerzeit gefreut und bin nichtsahnend in eine Familienfalle getorkelt. An manchem langen Abend bei hr4 in Kassel hatte ich freundlich an die Familie gedacht. Schön wäre es, jetzt da zu sein. Jetzt bin ich da – und sehne mich ab und an nach Kassel.

Interessant, aufregend und zeitraubend auch die Veränderung der Ausdrucksweise dieser lieben Kinder. »Meinst du mich?«, heißt es da. »Immer ich! Wieso?« Oder »Warum denn jetzt?« Ich komme in Begründungsnöte. »Weil ich das so haben möchte«, zieht nicht mehr. Weil ein ›warum denn?‹ Vaters Wunsch umgehend vernichtet. Die Klartextansagen »Aber jetzt nicht« und ein kurzes »Ja, ja, später« zeigen mir, dass ich kaum noch etwas zu melden habe.

Also vergeige ich weiter wertvolle Zeit mit sinnlosen Diskussionen; Befehlen, die ins Leere laufen; ausgesprochenen Zwangsmaßnahmen wie Hausarrest, die umgehend durch einen anstehenden Zahnarzttermin zunichte gemacht werden. Wie viele Seiten hätte ich erdenken, schreiben können?

Hofmann-Battiston hat sich gemeldet. Wir wollen zusammen ein Büchlein machen. Er die Karikaturen, ich die Texte. Ideen wollen wir uns teilen. »Setzen wir uns nächste Woche zusammen?«, hat er gemailt. Nächste Woche? Was denkt der denn? Tim muss zweimal zum Handballtraining gefahren werden, Tina zur Musikakademie, das Cello ist in der Ettesterstraße abzugeben, das Hassia-Wasser ist alle, bei der ›Metro‹ gibt's Lederhandschuhe für knappe fünf Euro, die Winterreifen müssen auf den Skoda drauf, die Tapezierer kommen wegen der Küchendecke, ich muss einen Vortrag für den Schule-Förderverein halten, unser Fleischmesser muss geschärft werden, ein Elternabend steht an, der Fensterputzer kommt, das Headset muss eingerichtet werden, der Schreibtisch von Tina wackelt, und dazu kommen noch die Pflichtübungen beim ›toom‹-Markt, Metzger, Bäcker. Das zweimal verschobene Treffen mit Ruth, zwei Lieder mit der Tochter einüben, Gitarrensaiten kaufen, Treffen mit Wolfgang und seiner Frau zum Abendessen – was glaubt dieser Hofmann-Battiston eigentlich, treibe ich die ganze Zeit?

Der Einkaufstakt für ohnehin teure Rasierklingen verändert sich zur Zeit auch, wenn der Junior sich – ohne Nässe, ohne Schaum – die Achseln ausrasiert und hinterher über massive Ansammlungen roter Pusteln in den Achselhöhlen klagt und meint, an dieser Stelle habe er wohl die Masern.

Das geliebte Töchterchen plädiert für einen Großeinkauf schicker, knapp sitzender Slips und verschmäht von nun an die bislang getragenen mit Inbrunst. Am liebsten würde sie mit den Stöckelschuhen der Frau Mama in die Schule tackern. Wenn ich die Tochter rufe, suche, finde ich sie vor irgendeinem der besagten Spiegel stehend.

Was meine Gattin, wie erwähnt, nur teilweise

mitbekommt. Der Spieß hat sich gedreht, meine Dauerpräsenz verleiht mir die Funktion eines Blitzableiters. Vorbei auch die Zeiten, zu denen sie kämpften, um im Elternbett zu nächtigen. Keine kleine, feste, schwielige Hand mehr, die sich im Halbschlaf in meine schlängelt. Dafür abgeschlossene Kinderzimmer mit röhrenden Bassanlagen und bei Tim ein Maxi-Poster mit 24 nackten Grazien überm Bett.

Manchmal denke ich, ich war nicht einfach tagsüber weg zum Arbeiten, ich war völlig weg – irgendwo am Hindukusch oder in der Serengeti. Kehre nach Jahren heim, entfremdet von diesen Wesen, die die meinigen sein sollen.

Es will Tim nicht in den Kopf, tägliche zeitraubende Diskussion, dass ich ihm drei Jahre vor der Zeit ›ein frisiertes Moped‹ eben nicht genehmige. Denkbar, dass ich das vielleicht großherzig gemacht hätte, aber da Chris kategorisch nein gesagt hat, reibt er sich jetzt an mir. Ich denke an die Bahn-Reklame im Fernsehen, in der ein keckes Töchterchen sämtliche Antworten des Vaters mit ›warum?‹ vernichtet. Wir haben ganz eindeutig das gleiche Drehbuch.

Wer denkt schon bei den zehrenden Vorbereitungen auf die Rentenzeit an die kommende Pubertät der Kinder? An das Zusammenprallen dieser zwei doch sehr unterschiedlichen Welten? Muss das auch genau in die Anfangsphase fallen? Womit habe ich das verdient, dieses rotznäsige Verhalten, diese Aufsässigkeiten dem Ernährer gegenüber? Mir graut vor dem Tag, an dem – statt Klassenkameradin oder -kamerad – von Sohn oder Tochter ein Mitglied des anderen

Geschlechts über Nacht mitgebracht wird. Ohne Voranmeldung. Mit Lustgeschrei in Kinderzimmern. Tante Paula, so hat sie mal berichtet, hat massiv und schlaflos darunter gelitten.

Mir fällt Andi ein. Er sitzt im schönen Haus an ebensolchem Frühstückstisch mit Frau, Tochter und Sohn – eine Sonntagszeremonie. Reich gedeckt, Brötchenduft, Vier-Minuten-Eier, Bündner Fleisch, drei Sorten Marmelade – ein Idyll. Schritte auf der Treppe. Tochter Karin, 16, errötet. Alle drehen sich um. Barfuß, in Unterhose und Unterhemd kommt ein Jungspund mit Ziegenbärtchen am Kinn die Treppe herunter, schlendert locker-selbstbewusst ins Wohnzimmer. Die Familie erstarrt, Verblüffung macht sich breit. »Das ist Tommi, ich hol noch'n Stuhl«, erläutert Karin.

Könnte so bei uns nicht passieren. Wir haben keine Treppe nach oben.

In den letzten Wochen habe ich gegrübelt, ob ich eine Art ›Widerspruchliste‹ erstellen, sämtliche Schmähungen unserer Pubertierenden notieren soll, die ich tagsüber volle Kanne abkriege. Und wenn dann Tina kommt: »Papi, kann ich Kino?«, die Liste rausholen, auf eines dieser garstigen Ablehnungswörter deuten und satt grinsen. Ich habe aber keine Zeit, eine solche Liste zu schreiben. Die Kinder haben ja auch keine. Die reden nur noch in Kurzformeln mit ihren Eltern, die sich aufrichtig um eine gute Erziehung bemühen.

»Ich bin Tim. Was darf ich Ihnen zu Trinken anbieten? Bitte, nehmen Sie doch Platz.« Welche Freude, welch artiges, wohl erzogenes Kind, gurrte die Freundesschar; nur der Paketbriefträger war etwas verblüfft über die Offerte. »Geht mir doch voll am Arsch vorbei«, hat solche heroischen Akte der Gastfreundschaft inzwischen abgelöst.

»Ich kann nicht gleichzeitig meine Katze schmusen und meinen Teller wegräumen«, konstatiert die Tochter, womit sie im Prinzip Recht hat. Vater trägt den Teller Richtung Spülmaschine. Sind ja nur 30 Sekunden. Aber die läppern sich. Täglich.

Diese einst so wunderbar funktionierenden sympathischen Wesen haben sich zu Kotzbrocken gemausert, die mir neben all den anderen Quälereien das Rentendasein versauern.

Jüngst habe ich mir vorgestellt wie es wäre, wenn ich mit Chris in den Ferien eine Woche nach Malle abhaue und diese Schlangenbrut kalt lächelnd einem ungewissen Schicksal überlasse. Sie waren ja beide in einer Art Kinderkochkurs, haben den begeistert absolviert und mild lächelnden Eltern demonstriert, was sie jetzt in der Küche drauf haben.

Sonntags den großen Esstisch gedeckt für ein ausgedehntes Familienfrühstück – lange her. Jetzt mosern sie, wenn die Mutter erneut dunkelbraune Vollkornbrötchen auftischt.

»Immer du mit deinem gesunden Essen da.« Und diese Bitten, die keine sind: »Machste mir ein Ei?«

Dann wieder diese Sparsätze. Tim nimmt sich ohne zu fragen von meinem schönen Bauernbrot mit Tiroler Schinken, luftgetrocknet, ein Riesenstück vom Teller, schiebt es in den Mund und konstatiert danach: »Kann ich?« Ja, was denn? Wie war das mit ›darf ich, bitte‹? Vergessen, getilgt. Dafür ›chillen‹ sie jetzt.

Tritt Papa mit dem berühmten ›kannst du‹ gegenüber den Kindern an, wird er abgeschmettert. »Ich chille gerade.« Das klingt wie: ›Alter Arsch, troll dich.‹ Chris und ich wissen, dass wir da durch müssen, dass es jetzt vorbei ist mit frisch gebadeten Kleinen im Sonntagsstaat, die artig Hände reichen und bitte/danke sagen.

»Bin draußen«, stellt Tim fest und verduftet für drei Stunden. Muss man als Erziehungsberechtigter zur Kenntnis nehmen. Fragen wie ›Wo geht's denn hin?‹ werden immerhin noch beantwortet: »Raus eben.«

Tina steht ihm nicht nach. Kein Jahr her, sitzt sie auf meinem Schoß, ganz Weibchen, kuschelt. »Papi, es ist doch so heiß heute, und die Oma von der Danah hat doch den Pool im Garten.« Ein guter Vater versteht, ermahnt, packt Bikini, Handtuch, Sonnenöl ein, fährt das Kind zum Tatort. »Geh' schwimmen«, hat Freundlichkeiten der beschriebenen Art abgelöst.

Mit neuen Rätseln bestückt, grübele ich dann vor mich hin. Warum verbannt das Schicksal mich ausgerechnet jetzt nach Hause? Ich bin doch mit 67 noch ein junger Kerl. Was soll ich denn hier mit all dem Ärger? Das kann doch nicht dieser viel zitierte ›dritte Lebensabschnitt‹ sein? Was ist bloß mit unseren Kindern los? Eigentlich ganz einfach: Sie pubertieren. Aber stets am meisten, am widerlichsten, wenn sie mit dem Alten allein zu Hause sind.

»Man sieht dich immer weniger lachen«, hat

Tim vor einigen Tagen zu Recht festgestellt. »Warum?«

Meine Antwort hätte lauten können: Weil er ein pickliger Widerborst sei, der seinen Vater, dessen Wünsche negiere, ihm das neue Rentnerleben zur Hölle mache und in den seltenen Kontraphasen die Schwester im Gleichklang antrete, ich harmoniesüchtig sei und wir alle eine Familie wären. Ich habe mich einer seiner Kurzformeln bedient und einen Hauch Ratlosigkeit bei ihm festgestellt. »Ist halt so.«

Vorbei die Zeiten, als wir an milden Sommerabenden im nahen Forst, Revier meines Freundes Peter, auf der Kanzel saßen, uns über Geiß mit Kitz oder einen kapitalen Bock freuten, philosophierten, Vater und Sohn, ein Abendidyll im Grünen. Zeit und Geld investiert Tim nun in günstig zu erstehende DVDs und Computerspiele von ›Medimops‹. Seit er herausgefunden hat, dass er Spiele besitzt, die an zwei getrennten Computern gleichzeitig gespielt werden können, habe ich eh keine Chance mehr, viel zu schreiben. Weil Tim im Esszimmer am Computer sitzt, Freund Scout oder Karl an meinem Schreibtisch im Büro und sie irgendwelche Mächte der Finsternis mit Hurra-Gebrüll gegeneinander antreten lassen.

Karl, gut erzogen, Scout auch, grüßen mich knapp, aber freundlich, wenn ich mein Büro betrete, sind aber ansonsten abgelenkt und arbeiten intensiv mit meiner Maus und meinem Rechner, aus voll aufgedrehten Lautsprechern gellt Schlachtenlärm sowie der Ruf: »Wir werden angegriffen!« Krümel auf dem Schreibtisch, Fettfingerabdrücke, ein zerknülltes benutztes Papiertaschentuch.

Chris weist ab und an darauf hin, dass dieser Schreibtisch ›unserem Papi‹ gehört, der Rechner auch und dass draußen die Sonne scheint. – »Ja, ja.«

Ich bin jetzt mal da …

Wie man immer greifbarer wird

Frau Lange lässt fragen, ob du Tinas Klasse mit zum Hessenpark begleiten kannst. Jens fragt«, (er ist der Mann von der Merkel-Trefferin Amal) »ob du ihm unsere Biertischgarnituren fürs Klassenfest bringen kannst. Frau Liebermann lässt wissen, dass die Klassensaalrenovierung von Tims neuem Schulraum nun am Donnerstag stattfindet. Fürs Schulfest sind dann noch gefüllte Röllchen zu machen. Nimm viel Schafkäse, auch Spinat. Und kein Fleisch! Du weißt ja: die Ethnien.« Chris kümmert sich liebevoll um den Verschleiß meiner Restfreizeit.

Frau Lange, Jens und Frau Liebermann haben erfahren, dass ich jetzt ›in Rente‹ bin. Da kommt die Standard-Denke auf: Der ist jetzt zu haben, hat ganze Ewigkeiten Zeit. Also: Her mit ihm, seinen Biertischen, seiner Muskelkraft, was auch immer.

Den Hessenpark bei Neu-Anspach im Taunus mag und kenne ich, beschert er einem doch Ausflüge in die eigene Vergangenheit und die der Hessen, eines bekannt humorig-temperamentvoll-gesprächsbereiten Völkchens, dessen Eigenheiten man am schnellsten versteht, wenn man den Hessenpark aufsucht. Wie soll in all den engen, niedrigen, ärmlichen, feucht-klammen Zimmerchen, die den Namen nicht verdienen, einst Freude aufgekommen sein?

Die Vor-Hessen haben im Sitzen geschlafen. Betten waren Luxus oder passten nicht ins traute Heim. Ob die dann lustige Zoten in der Minischmiede voller lungenätzendem Qualm erzählt haben? Gab es ungestüme Heiterkeit in der Schulklasse mit unverrückbaren Bänken, Marke Hartholz auf Gusseisen, in der Ecke der Kanonenofen?

Hier haben die Ur-Hessen die Maulfaulheit gepflegt und sie über ihre Gene an die jetzigen weitergegeben. Hier haben sie Leckerbissen wie Schwartenmagen und Blutwurst mit vielen fetten Grieben erfunden, vor allem aber Haferschleim und Gerstengrütze. Von wegen Tanz auf der Tenne! Da wurde mit dem schweren Flegel gedroschen bis zum Umfallen – und der Dorfschmied war der Zahnarzt; ein Blick auf seine Gerätschaften, und der Mensch weiß, wie gut er es heute mit dem Turbinenbohrer hat.

Zusage für den Tag im Hessenpark. Ein Rentnertag weg. Später bereuungswürdig.

Eine Klasse Grundschüler fährt mit dem Bus zu einem Ziel. Oh, welch einfaches Unterfangen! Frau Lange dabei, ein weiterer Vater, Mütter. Es zeigt sich via Busformat: Es sind zwei Klassen. Es reicht also, dass der Busfahrer die Türen hydraulisch öffnet und alle einsteigen, Platz nehmen. Von wegen! Erst einmal wollen alle gleichzeitig durch eine der beiden Türen einsteigen. Dann gibt es Kinder, die beim Busfahren kotzen. Das will der Fahrer vermeiden, wir anderen wollen das ebenfalls nicht. Riecht ja auch nicht gut, gerade wenn es solch ein warmer Tag ist. Die Kotzkinder sitzen alle hinten, müssen jetzt nach vorne. Bis alle sitzen, bis 40 % aller Plätze zweimal getauscht sind, damit Kevin neben Danuta sitzen kann, vergeht einige Zeit.

Der Busfahrer greift zum Mikrofon, verkündet, dass es keine Pinkelpause gibt, im Bus weder getrunken noch gegessen, gesungen und gekrümelt werden darf, avisiert den Kotzkindern auf den vorderen Sitzen Frischluft. Ein dickes Mädchen mit M-Hintergrund weint, draußen winkt die ebenfalls M-Mutter aus ihren Umhüllungen zurück; ein Abschied fürs Leben. Wir starten.

Eine Stunde später weiß ich, was ›Aussteigen von Schulklassen‹ bedeutet. Raus gehen sie alle, zerstieben aber umgehend zwischen umstehenden Bussen, verteilen sich in diverse Himmelsrichtungen, müssen mit gellenden Kommandoschreien wie eine Herde wilder Wölfe zusammengetrieben werden. Lange, das Leittier, zieht vorweg, schon genervte Elternteile bieten Flankenschutz, umkreisen das Rudel, treiben Versprengte nach vorne.

Chris dürfte im Büro sitzen und es gut haben um diese Zeit. Natürlich kann sie nicht die Beine hochlegen, hat viele Termine und nicht immer einfache Klientel; sie schafft also schon ihren Stiefel weg.

Ich als Rentner mit grauem Schläfenansatz erhalte vom jaulenden Rudel genauso wenig gebührend Respekt wie Lange, die mit reichlicher Gelassenheit vor mir über uraltes Kopfsteinpflaster schreitet und mit erstaunlich ruhiger Stimme hochexplosive Viertklässler durch ein Drehtor schleust. Mir graut vor dem Resttag, Unerzogenheit, Frechheit, Phlegma, Aufsässigkeit.

Ich werde zum kommissarisch-pädagogischen Leiter einer zum ›Backen wie früher‹ abkommandierten Gruppe ernannt. Die Mehlvorführerin war entweder bei der Waffen-SS oder kommt aus einem sibirischen Umerziehungslager, wo sie Kommandeuse war. Sie lässt nichts durchgehen und verbreitet umgehend eine Strenge, die frösteln lässt. Ich stelle mir Solschenizyn vor im Gulag: So muss das gewesen sein. Die resolute Frau hat eben Erfahrung mit Schülergruppen, die zum Backen abkommandiert sind. Nach Körnerkunde, vorlauten Bemerkungen und Sofort-Bestrafungen werden Brötchen hergestellt.

Die Sibirierin warnt vor dem Anfassen. Erste Schreie quellen samt Brandblasen auf. »Das kommt davon«, sagt die Feldwebelin, »ich hab's euch ja gesagt.« Dann entlässt sie uns nach draußen. Einer fehlt, eine trollt sich irgendwo herum, einer hält 20, 30 Meter Abstand. Der Dauervorlaute weiß schon wieder alles besser. Das dralle M-Mädchen erbittet heiße Brötchenreste von der Gruppe, schiebt Hunger. Ich denke, alle Lehrerkritiker und Leute, die diese Spezies gerne ›Halbtagsfaulenzer‹ nennen, sollten zum Strafexerzieren und zum Kniefall vor Frau Lange per Gesetz in den Hessenpark gejagt werden und sich im Anschluss in einer öffentlichen Zeremonie zum Pädagogenstand bekennen.

Irgendwie schaffen wir einige Stationen, hören und lernen viel. Vergeblich versuche ich zu erläutern, dass diese oder jene Hauswand aus einem Stroh-Lehm-Gemisch besteht; Zehnjährige haben mit alten und neu aufgelegten Öko-Baumaterialien erkennbar wenig am Hut.

Erschöpft sinke ich nach Stunden mit Lange und einer herben Ostmutter, die von sich sagt, sie sei ›Freie Evangelische‹, was man irgendwie schon gesehen und erahnt hat, am Hessenpark-Marktplatz in einen Plastikstuhl. Der italienische Kellner – mutmaßlich direkter Nachfahre jener Römer, die den Vorhessen einst die Saalburg und den Limes bescherten – serviert musealen Latte Macchiato; offenbar haben sie die Bohnen aus dem hessischen Mittelalter hinübergerettet in die Neuzeit.

Die Heimfahrt geht ohne Kotzerei vonstatten. Gegen 16 Uhr weiß ich, was ich geschafft habe. Chris sitzt im sonnigen Garten, liest ›Spiegel‹ und fragt, ob es denn nett war.

Weitere Schulen jeglicher Provenienz werden bei mir keine Begleiterchancen mehr haben. Den Kindern habe ich – fragt wer nach dem Vater und Einsatzmöglichkeiten – eingebläut, dass ich ein fürwahr vielbeschäftigter Rentner fast ohne Freizeit, termingeplagt und künftig absolut unabkömmlich sei.

Drei Biertische, sechs Bänke zu Jens, die Hecktür vom Skoda-Kombi verzerren, dann schleppen. Amal und Jens, noch keine Rentner und daher großzügig beim Freizeit-Vergeuden, haben ihren schönen Garten (vorher!) für die finale Feier der scheidenden 4. Klasse zur Verfügung gestellt. Mit dem Hinweis, bei Auf- und Abbau, Verköstigung und Reinigung werde die Mithilfe anderer Elternpaare gerne in Anspruch genommen. Eine Formulierung, die, wie sich zeigt, keiner verstanden hat – außer der Elternbeiratschefin und meiner Chris, die mich geschickt hat.

Wir verwandeln den Garten bei schweißtreibenden Temperaturen in ein schickes Bistro. Meine 67 Lenze sieht mir wieder keiner an; ich muss schaffen wie ein Brunnenputzer. Wer je einen geputzt hat, weiß, was das bedeutet.

Alles aufgebaut. Dann wird es quirlig: Jetzt strömen sie vom wilden Kurdistan, aus Vietnam und Darmstadt in den Garten, bilden umgehend ethnische Gruppen, nachdem sie Bulgur, kalten Döner, Krakauer, Obst- und Nudelsalate auf die Anrichte gepackt haben. Zwei Grills (einer für Schweinefleisch) brummen; ob die Holzkohle getauft ist, entzieht sich meiner Kenntnis. Kinder singen, eines überschlägt sich mit dreifachem Salto Mortale kunstvoll; Frau Lange wird besungen, belobigt, beknutscht. Zufriedene Mienen danken es ihnen.

Der kommende Vormittag – auch das haben andere Eltern nicht verstanden – ist der Abbautag. Wir – zwei Frauen Eltern und ich Eltern – sammeln ketchuptriefende Servietten, zerknüllte Teller mit Pommesfett und abgebrochene Plastikmesser ein, klappen Biertische und -bänke zusammen, betrachten interessiert den Restrasen (nachher!). Wieder ein halber Tag um. Der Pflichtenkatalog häuslicher Tätigkeiten nötigt mich, rasch abzuzischen, weil die Zeit drängt.

»Na, Rentner, wie isses?«

Zurückblickend auf den Hessenpark-Tag will ich nach meiner Wiedergeburt weder Busfahrer noch Lehrerin sein. Fünf der Kids hätte ich stande pede verprügeln können, eins von der Schule geworfen, den Bus irgendwo auf einen einsamen Waldparkplatz gestellt und wäre zu Fuß 56 Kilometer nach Hause gelaufen. Lehrern sollte man mehr Achtung entgegenbringen. Ich bin durchsetzungsfähig und kein Softi, aber was zuviel ist, ist zuviel. Vielleicht macht sich auch das Alter bemerkbar. Andererseits: Frau Lange zieht jetzt ein Sabbatical durch, und die ist 25 Jahre jünger als ich; sie wird schon wissen, warum sie pausiert. Es bleibt also nicht in den Klamotten stecken.

»Wenn Sie mit der Restfarbe noch das Lehrerzimmer streichen«, lächelt mich Lange-Pendant Liebermann freundlich in Tims frisch getünchter Klasse an. Irgendwie ausgemacht war das nicht.

Vorher übertünche ich noch einige Großhandabdrücke auf dem Gang. Ins Gespräch vertieft, nähern sich zwei Männer, bleiben stehen.

»Was soll denn das hier werden?«, macht einer mich an.

Tatsächlich habe ich Uraltjeans und ein Uralthemd an und sehe wohl aus wie der Hiwi vom Malermeister.

»Sie können doch keine Dispersionsfarbe da draufschmieren. Das sieht doch jedes Kind, dass das versiegelt ist.«

Noch bin ich in der Hocke. Stehe auf (manchmal, wenn ich kerzengerade stehe, macht das einen Meter neunzig): »Wie bitte?«, frage ich noch mit einem Rest von höflichem Unterton.

Während der andere kopfschüttelnd mein Werk betrachtet, fängt der Maulaufreißer schon wieder an. »Versiegelt, wahrscheinlich mit Capaplex. Wenn Sie jetzt Dispersion draufschmieren, können Sie die Versiegelung vergessen. Wer hat Ihnen denn überhaupt gesagt, dass Sie das hier machen sollen?«

In mir kommt so eine Art Stadtguerilla-Wut hoch. Ich habe Lust, ihm in die Eier zu treten, zumindest aber ›Arschloch‹ zu sagen und ›Halt die Fresse‹. »Wer sind Sie denn überhaupt?«, mache ich ihn schon etwas kecker an.

Er fasst sich nun leicht verlegen an den Schlips. »Vom Bauamt. Ich will mir hier die abgehängte Decke ansehen.«

Ich hole Luft. »Und ich bin ein Vater, der hier in seiner Freizeit diesen alten Schuppen anmalt. Und jetzt machen Sie die Flatter, sonst werde ich mehr als ungemütlich.« Drohend hebe ich meinen farbetriefenden Quast.

Murmelnd verziehen sich die beiden, werfen mir im Abgang kritische Blicke zu – oder auch niederträchtige. Das hat man nun davon.

Zwei nette Mädels helfen mir, den Boden im Lehrerzimmer abzudecken und abzukleben.

Lärm draußen. »Sie benutzen hier meine Farbe«, erregt sich ein Mensch, der ganz offensichtlich Lehrkraft ist.

»Nee, das ist unsere«, erregt sich die mit mir tünchende Frau Eltern zurück.

»Sie haben aber doch meine Farbe, und da ist ja kaum noch was drin.«

So geht das ewig weiter. Ich kehre zurück ins Lehrerzimmer. Meine Pinsel sind verschwunden, außerdem brauche ich eine Leiter.

»Die ist Privateigentum!«, gellt mich eine Brünette einen Klassenraum weiter an. »Fünf Minuten. Aber nur fünf Minuten!«

Ich bedanke mich herzlich und beginne, auf zwei Meter achtzig Höhe (Altbau) pastöse Farbtöne aufzutragen. Das mache ich seit morgens 8.15 Uhr, und um 15 Uhr ist noch kein Ende. Es kommt auch kein gnädig-mitleidiger Schuldirektor vorbei mit belegten Brötchen oder duftender Pizza; der Magen knurrt unerbittlich.

In Tims Klassenraum lernen eben die Kinder, was geschieht, wenn man mit Farben vollgesaugte Quaste ab und an auf dem mit Packpapier abgedeckten Boden legt. Sie latschen drauf, gehen dann übers nicht mehr abgedeckte Parkett nach draußen in den Gang. Ein moderner Eventkünstler könnte Riesenkohle in Venedig oder sonstwo mit den überall verteilten feuchten Fußstapfen machen.

»Wir brauchen jetzt Bürsten und heißes Wasser«, teilt mir die andere Eltern mit.

Ich überhöre das, verziehe mich ins Lehrerzimmer. Die Leiter ist weg.

Vereinbart war, dass ›die Eltern‹ den neuen Klassenraum streichen. Offenbar sind Tims Mitschüler allesamt Vollwaisen. Immerhin haben sich zwei Doofe gefunden. Beim Streichen (Elternstreichtag) war außer mir noch ein Eltern da; ist ja schon was. Vielleicht sollte man mal den Ethnien den Begriff ›Solidargemeinschaft‹ erläutern? Schließlich bin ich der älteste Papa im Klassenverbund. Auch in der vorderen Mongolei gibt es Pinsel und Farbe.

Gleich im Anschluss um 17 Uhr das Schulfest an Tinas neuer Schule. Wie witzig: Sie wird dort in die Streicherklasse gehen! Und ich bin gerade Klassenstreicher. Zum Totlachen! Könnte ein idealer Fall für Jandl sein. Nach Hause fahren, duschen, umziehen, zurück nach Darmstadt. Wenn mir jemand gesagt hätte, das Schulfest koste Eintrittsgeld, hätte ich welches mitgenommen. Zum Glück liegen im Auto (600 Meter einfache Strecke) noch zwei Euro in der Ablage. Um 19:20 Uhr habe ich Feierabend.

Mein späteres Klagelied gegenüber Chris, es mangele doch ziemlich an Elternbeteiligung, wurde deutlich kommentiert: »Es ist doch immer so.« Warum aber bin gerade ich jetzt Mit-Ausführender bei ›immer so‹? Ich torkele einer ungewissen, aber wohl voll ausgelasteten Zukunft entgegen. Vielleicht muss noch ein Schulhof gepflastert werden? Man könnte auch Turnhallen putzen, Parkplätze (Nur für Lehrer) neu kiesen oder freiwillig als Senior-Schülerlotse von Montag bis Freitag einen Zebrastreifen zur Todeszone erklären.

Eben ruft Elke – mit mir im Kellerklub-Vorstand – an. Gerade gestern Mittag habe ich mit einem Elektromeister eine Stunde im Gewölbe verbracht. Eigentlich waren es fast zwei, weil er – Handwerker – fast eine Stunde zu spät kam. Elke erinnert daran, dass wir vor Wochen alle zur Bank mussten, um Vollmachten für unsere Buchhaltungshelfer zu unterschreiben. Das hat eine Dreiviertelstunde gedauert. Elke berichtet, die Unterschriften seien okay gewesen, das Formular aber falsch. Die Buchhaltungsleute, die wackere Familie Bauer, sind nun noch mal zur Bank, haben bei irgendwem noch mal unterschrieben. Jetzt haben auf dem neuen Formular natürlich die Unterschriften von uns anderen gefehlt. Es wird jetzt von einem zum anderen geschickt, und ich sende es dann wieder zur Bank.

Kenne ich alles. Kaum bin ich frischer Vorstand beim Förderverein von Tims Schule, ziehe ich mit Tatjana und Armagan zum Unterschreiben zu einer Sparkassen-Filiale. Geht ganz einfach. Der alte Vorstand ist nicht mehr vorhanden, der neue steht am Schalter. Samt Schuldirektor, alle in Zeitnot. Ein wirklich netter und sehr junger Bankangestellter (nur bei der Bundesbank gibt es Bankbeamte!) – er hätte aber gut Beamter sein können, wie sich zeigt – bittet uns in einen luftleeren Nebenraum und verschwindet. Er kommt aber erfreulicher Weise immer mal wieder rein, bevor er erneut geht. Er weiß jetzt, dass wir alle vier unterschreiben wollen, dass nur wir und sonst keiner Zugang zum Fördervereinskonto haben. Wir wollen auch kein neues eröffnen, in keinen Fonds einsteigen, kein Festgeld anlegen. Mehr als eine Stunde geht drauf. »Der Kollege ist neu«, sagt uns sein anderer Kollege zum Trost. Das haben wir ausführlich festgestellt, denke ich mir.

Tage später ruft mich Armagan an. »Wir müssen noch mal hin und extra unterschreiben, sonst kriege ich als Kassierer die Scheckkarte nicht.« Mir wird schlagartig klar, was da bei Lehman Bros., der Dresdner Bank, der KfA und anderen zum Kollaps geführt hat. So muss es angefangen haben. Drei Berufstätige, ein Rentner. Dem tut es offenbar am wenigsten weh, diese Zeitvergeudung; der hat ja Zeit, der ist ja jetzt mal da.

Einladung zum Hegering-Treffen. Es geht um Jagdliches, einen Besuch im Schießkino und leider auch darum, dass die Küche des ausgesuchten Portugiesen kräftig zu wünschen übrig lässt. Und: Es geht um die Frage, wer beim Bauernmarkt im September die Würstchen grillt und ob wir beim Weihnachtsmarkt (drei Tage) mit Wildgulasch und Jagertee präsent sind – wie auch im kommenden Jahr beim Schlossparkfest, wo ich letztens 426 Wildschweinbratwürste (du hast doch sicher Zeit …) auf einem windigen Grill zur finalen Reife brachte.

»Du bist doch dabei«, fragt mich unerbittlich Hans, der auch noch für den kommenden Samstag Aufbauhelfer für Zelte braucht, weil seine süße Martina jetzt Ärztin samt gelungener akademischer Abschlussfeier geworden ist.

Ich nicke die fettspritzende Grillerei ab, unverdientermaßen habe ich jüngst die Hegemedaille, Sonderstufe Gold, beim Jägertag erhalten. Da kann man sich nicht drücken. Und alle wissen, dass ich jetzt daheim bin.

»Einer muss noch das Spanferkel holen.« Man merkt, dass Hans es gewohnt ist, zu delegieren. Mit einer faustdicken Lüge befreie ich mich von Zeltaufbau und Spanferkeltransfer. Zwei Einladungen verwechselt, sorry, wir können leider nicht kommen. Bedauere es sehr. Ich nicke mir innerlich zu. Udo macht den Zeltaufbau und holt die Sau.

Gegen 22:30 Uhr korrigiere ich: »Sorry, Kommando zurück. Wir können doch.«

Der Abend dürfte wieder sehr jagdlich werden. Also die grünen Klamotten rauslegen, damit man nicht optisch aus dem Rahmen fällt. Es soll regnerisch, kühl werden, also den Janker mitnehmen. Hans und Walter und Christof und Götzfried und der andere Hans werden von jüngst abgegebenen Schüssen berichten, vom Einbruch ins Jagdhaus, einem schwachen Bock, von der Bärenjagd, die in Kanada aussteht, und mancher wird mich fragen: »Na, wie isses denn so?«

Der Abend wird lang werden, der Rückweg über die Felder mit meinem englischen Drahtesel beschwerlich, weil sicher wieder der Birnenschnaps die Runde macht, Chris wird früher fahren, ich später, jetzt mit Halogen, was gut ist gegen die Schlaglöcher. Ein Stresswochenende, weil nach dem Spanferkelfest der Sonntag naht mit Flohmarkt beim ›tegut‹.

»Da könnt ihr alle die Kindersachen und deinen alten Kram verticken, da gibt es Platz zu Hause«, sagt mir Chris.

»Empfehlenswert ist es, um 6 Uhr aufzubauen, später kann ich Ihnen keinen Standplatz mehr versprechen«, lässt mich der Veranstalter wissen.

Dieter hatte ich angeboten, seine ekelhaft verfilzten Gartenbäume kleinzusägen – auch eine Idee, auf die ich im Berufe stehend nie gekommen wäre. Also: Kettensägenmassaker im Flachsbachweg. Wir brauchen beide viel Zeit, haben die auch, sind ja Rentner. Dieter wird noch häufig von seiner alten Firma geholt, deswegen musste der Zeitrahmen für die Sägeaktion eng abgesteckt werden. Bei ihm wie bei mir.

Es sind also arbeitsreiche Zeiten. Und es ist fürwahr ein echter Unruhestand aus alldem geworden, auf den mich früh mein Itacker-Freund Germano aufmerksam gemacht hatte. »Und, biste denn jetzt auch bei Kannstdu?«, fragte er mich zu Beginn meiner neuen Laufbahn, als ich in seinem Laden war, um gelbe Säcke abzuholen.

»Kannstdu?«

Germano grinste. »Kannst du mal beim ›Aldi‹ vorbeifahren? Kannst du Vollmilch mitbringen? Kannst du …«

Das kam mir reichlich vertraut vor.

Dann erzählte mir Germano, warum er immer noch die Tageszeit in seinem Geschäft verbringt, obwohl das personalmäßig in guten Händen ist. »Hier kann ich machen, was ich will: spazieren gehen, Espresso trinken, faulenzen, Zeitung lesen – alles ohne kannstdu …«

Bin jetzt bei Kannstdu

So heißt mein neuer Arbeitgeber, er firmiert weltweit in Hunderten von Sprachen – und er ist hungrig: hungrig auf frisch gebackene Rentner. Doch dieser Arbeitgeber, eine berühmte Aktiengesellschaft, eher aber eine Société Anonyme, die im Stillen Gutes tut, hat auch noch jede Menge Unterabteilungen. Da gibt es das Ressort ›Hastdu‹, da ruft ›Bringstdu‹ im Verein mit ›Holstdu‹, ›Willstdu‹, ›Magstdu‹, die Reklamationsabteilung firmiert unter ›Warumhastenich‹, und die Odenwälder Filiale taktiert mit scharf gezischtem ›Horschemal‹.

Mit dem Rentenstand eröffnen sich mir also völlig neue und weitere Tätigkeitsfelder – unabhängig davon, ob ich sie wahrnehmen möchte oder nicht. Ich muss. Aus Fairness, gepaart mit abgrundtiefer Dämlichkeit, wegen meines inneren Weicheiertums, meiner Ordnungsliebe, wegen der Kinder, dem Familienfrieden, der geliebten Frau. Und der Zwänge.

Völlig neue Lernprozesse setzen ein. Beim ›Penny‹ gibt es Brigitte-Diät-Produkte, aber nicht beim ›Plus‹. ›Aldi‹ hat Bohnenkaffee aus 100 % Arabica, Stiftung ›Ökotest‹: gut. ›Lidl‹ hat auch einen guten, aber ohne Stiftung, die auch bei ›dm‹ zugeschlagen hat per Aufdruck auf einem Vollwaschmittel, das ich nur mit Hilfe geschulter Profihausfrauen aus einem versteckten Regalwinkel greifen kann.

Dreimal war ich bei ›dm‹, bis ich kapiert habe: ›Vollwaschmittel‹ muss draufstehen in Verbindung mit ›Color‹ und dem roten Testaufdruck.

Meine hastig ausgesprochenen Wiederumtauschentschuldigungen steckte die Verkäuferin an der Kasse locker weg: »Des kenne mer. Mache Se sich nix draus.«

Die Frühstücksbeutel vom ›Aldi‹ sind akzeptabel, die Müllbeutel passen nicht auf unseren dafür vorgesehenen Topf. Dafür sind die Ökoabfallbeutel bei ›Kaufland‹ deutlich billiger als anderswo. Erfreulich, dass Kaufland-Weiterstadt jetzt bis Mitternacht geöffnet hat, da kann ich um 23 Uhr noch losfahren und holen, was vergessen ging. Wobei die ›Ja!‹-Vollmilch nicht unbedingt ganz so lecker ist wie die aus dem Alpenvorland. ›Müller-Milch‹ muss trotz leckerer Sonder- und anderer Angebote boykottiert werden. Bestellte Cola entpuppt sich als meine Falschlieferung, weil sie ohne Zucker sein soll. Die Light-Fassung ist auch die falsche; ›Zero‹ muss draufstehen.

Nach vierundzwanzig Monaten bei ›Kannstdu‹ bin ich effektiv in der Lage, Geschäftsführer eines Discounters, wenn nicht Regionalleiter einer größeren Kette zu werden. Denn das Wissen darum, dass ›Metro‹ das preiswerteste vierlagige Poabwischpapier hat und die Nachfüllbeutel für Q-Tipps beim ›toom‹ um die 49 Cent liegen und so preiswerter als eine neue Packung sind, ist bares Kapital.

Während der Plastikflaschenschlucker bei ›Aldi‹ nicht alles schluckt und manches wieder ausrülpst, geht's bei der ›toom‹-Kiste prima. Man muss allerdings bei der Einkaufskostenberechnung im elektronischen Haushaltsbuch drauf achten, dass zurückgezahltes Pfand ja mit einer anderen Rechnung schon bezahlt wurde und es ein Irrtum ist zu glauben, dass man selbst (als Dauerflaschenwegbringer) die gleichen Produkte immer billiger als die Gattin einkauft, weil der Zettel mit dem Flaschenpfandgeld an der Kasse in die Rechnung einfließt.

Man wird mitleidig belächelt, wenn man in der heißen Jahreszeit literweise Apfelschorle (groß/klein), Wasser (groß/klein) und Cola (Zero!) auf das Einkaufstransportband wuchtet, wo einem die Russin an der Kasse (bitterscheen) einen professionellen Mitleidsblick zuwirft und anmerkt: »Missen Sie nich machen, Preise in Kopf un Flasche in Einkaufwage lasse.« Nach mehreren Havarien lernt man, dass Eier und Tomaten auf dem Band ganz hinten liegen sollten. Der Zack-rein-und-weg-Effekt an Discounterkassen zwingt einem zum Blitzeinladen, die Vier-Kilo-Wassermelone matscht die Tüte mit Bisquit und die Kiwis zu Brei. Man glaubt nicht, dass man schon 67 ist.

Lernen, lernen, lernen.

Essigessenz zum Entkalken, Tortellini nur mit Spinateinlage: »Du weißt doch, dass das Kind Vegetarierin ist.« (Die mit Schinken drin hat sie aber auch schon freudig gemampft, weil Karl und Tim mir bei der Soja-Inhaltslügerei assistiert haben, die gemeinen Kerle, die.)

Sojamilch im Milchregal zu suchen ist ebenso zwecklos wie zu glauben, ›Brunch-Light‹ sei derselbe blöde Käse wie ›Brunch‹ an sich. Klar, dass in Naturjoghurt keine Früchte drin sind, sonst würde es ja Natur-Früchtejoghurt heißen, auf Roggenvollkornbrot darf nicht ›Mit gutem Roggen‹ draufstehen, und wenn schon Toast, dann der von ›Warentest‹ gelobte.

Man lernt, dass hausgemachter Teig auch mit Vollkorn machbar ist; so schmeckt die Pizza dann auch. Geschälte Tomaten in der Gemüseabteilung zu suchen ist hirnrissig. Ansonsten müssen Äpfel herbei, nur ›Pink Lady‹, und wer andere mitbringt, macht sie zum Fall für die Saftpresse. Die zu spülen heißt, einen kompletten Gang in der Spülmaschine zu zelebrieren; reinigt man den Zerreibemechanismus aus grob und fein gezacktem Edelstahl mit einer herkömmlichen Haushaltsbürste, reißt es der die Borsten aus, und der nächste Saft hat Plastikanteile. Die neu angeschaffte, ganz tolle Spezialzerreibemechanismusreinigungsbürste ist nicht für Schuhcreme geeignet; es gilt, sie besonders gesichert aufzubewahren, außerdem hat sie 9,80 Euro gekostet und will pfleglich behandelt werden.

Was hier nun frank und frei referiert wird, sind keine eigenen Erkenntnisse, sondern Ergebnisse ausgedehnter Diskussionsprozesse, die schon soweit führen, dass meine Frau sagt, den Gelben Sack gibt es nicht nur bei Germano, sondern auch an jeder Jet-Tankstelle – nur um herauszufinden, ob ich gleich losfahre. Mache ich auch; die bei Jet wollen ja auch mal was zu lachen haben.

Einkäufer, das ist es. Ich bin jetzt kein Rentner, ich bin Einkäufer. Transuniversell, transgalaktisch, international. Zwar schmecken spanische Rispentomaten genauso mies wie rispenlose, doch das verdorrende Grünzeug macht was her, heißt es. Vor allem beim Gewicht, das man mitbezahlen muss. Cheffahrer, das bin ich auch noch. Eigentlich eine Mischung aus Butler, Putzfrau, Türöffner, Einkäufer, Warenvergleicher, Oberumtauscher, Neubesserwisser, Nochwidersprecher.

Kaum habe ich ausgerechnet, wie spritsparend es doch ist, die 32 Kilometer einfach zum Funkhaus nicht mehr absolvieren zu müssen, tanke ich genauso viel wie zuvor. Kinderfahr-, Hol- und Bringdienst nennt sich der automobile Nebenzweig von ›Kannstdu‹. Und da man einen Kombi hat, kommen bei vielen Touren noch zwei, drei ›kannstdudieauchmitnehmen‹ hinzu. Und zurück. Samt Hin und Her. Mit Chauffeurservice. Rechts ran, Türen öffnen, bitte aussteigen. Weil die Kindersicherung keinen rauslässt. Auch bei strömendem Regen nicht.

Dann gibt es noch eine neue Unterabteilung: ›Kannichmirnochnrucksackausmkofferraumnehm?‹ Es stürmt, blitzt und kracht. Dauerregen. Ruheständler?

Weil ich, wie beschrieben, über die reguläre Lebensarbeitszeit noch ein wenig Dienstplan übrig hatte, wurde bis zum 18.12. 2008 geschafft. Dann kam Weihnachten, was nie Urlaub ist – und dann habe ich welchen gemacht. Vom 26.12. bis zum 6.1. Endlich mal nachts um 1:30 Uhr einen Softporno gucken oder in der ARD einen Schwarzweißfilm mit Audy Murphy von 1947. Endlich mal sämtliche Zeitzeugen auf ebenfalls sämtlichen Kanälen mitkriegen. Endlich wissen, dass Doktor House kein Hausarzt ist und – Tipp von meiner Frau – das Dauergenudel auf KiKa von 2:17 bis 2:53 genießen. Dann bis 10:30 Uhr pennen. Als mich nach dieser Phase der nette Blonde von DHL mit einem der täglich drei bis neun bei uns eintreffenden eBay-Päckchen in Hemd, Jeans und Schuhen sah, war er total baff: »Ei, ich kenn Sie nur im Bademantel.«

Leider hatte meine Frau im Theater oder sonstwo ›Der Widerspenstigen Zähmung‹ gesehen oder davon gehört, auf jeden Fall hatte sie eine Assoziation, die mein Dolce Vita spontan zerstörte. Unsere nicht früh aufstehende Tochter bedurfte väterlicher Disziplin. »Das Kind soll gemütlich frühstücken, sich für Schule und Tag fertig machen und so zeitig aus dem Haus gehen, dass sie keine Hektik hat.«

Ich gebe meiner Frau völlig Recht, so soll es sein. Problem nur: Tina ist schon aus dem Haus; dann kommt sie wieder, weil sie ein Mäppchen vergessen hat. Es findet sich in der Schultasche. Drei Minuten minus, der Count-Down zum Entschuldigung-Schreiben läuft. Die Mutter ist genervt vom quirligen Töchterlein.

Also erklärt der Vater sich bereit, am frühen Morgen nun präsent zu sein mit Machtworten und Fürsorge, dem Blick auf die Uhr, die fehlende Socke, die Regenjacke. Blindlings renne ich in die Falle. Eine phantastische Idee. Denn schon zwölf Stunden nach auch dieser meiner Ja-Sagung gab es Hektik. Für mich. Chris sang und plätscherte höchst entspannt in der Badewanne. Tim verließ nach opulentem Frühstück fröhlich das Haus (es läutet: »Papa, der Bus ist weg.« Also ungewaschen wieder mal sechs Kilometer hin und sechs zurück, mit Schalgeschmack im Mund und erneut wüsten Kaffeeträumen im Hinterkopf). Einen Apfel (Pink Lady!) für Tina waschen, trocknen und spalten. (Wir haben dafür extra einen Apfelspalter, mit dem man sich spielend Fingernägel wie auch Finger abschneiden kann und das Kerngehäuse daraus mit dem Vorschlaghammer entfernt werden muss.)

Tina, unsere Süße, die viele Tage mit ihrem schönen Gesang beginnt, aber nicht alle. Das Kind ist uns allen überlegen. Deshalb überlegt sie meist neun Minuten vor Schulbeginn, ob die rote oder grüne Haarspange besser zu einer von den fünf aus dem Schrank gefeuerten Jeans passt. Wenn sie damit fertig ist, packt sie den Ranzen (Vorabend: »Natürlich ist der gepackt, Papa.«) und vergisst den Apfel (Pink Lady!). Sie kann wahlweise mit Celiks oder Baleks fahren; das muss allerdings vorher festgelegt werden, also ruft Papa bei Celiks, die schon los sind, an und will fragen, versucht es dann bei Baleks, die auch gerade weg sind. »Wir nehmen die Fahrräder«, verkündet Papa. – »Es regnet aber«, teilt das Kind mit. Kein Problem. Der Motor ist ja noch warm. Wie das Wasser in Chris' Wanne. Sie hat sich einen Espresso geholt, ihn auf den Wannenrand gestellt, blättert, bis zum Hals in kerngesunden Kneipp-Schaum gehüllt, in der Tageszeitung und flötet: »Klappt alles, mein Mäuserich?«

Abends am Stammtisch sagt Fred zu mir: »Na, und, wie isses?«

Arschloch, denke ich. Wie soll's schon sein.

»Die eine oder andere morgendliche Trödelei der Kinder hat mir schon mal die Zornesader schwellen lassen«, teilt meine Süße hold lächelnd mit, »du machst das aber ganz gut jetzt.« Jetzt schwillt eben meine Ader, und nicht nur eine. Ich erkenne aber spontan die Gefahr, die morgendliche Kooperation Vater-Tochter läuft fast gut, zu gut. So gut, dass eine Daueraktion für die nächsten zehn Jahre daraus werden kann.

Ich bin es (noch) nicht gewohnt, am frühen Morgen gegen 6:45 Uhr komplette DIN-A4-Seiten in Sachen Schulausflug zu lesen und zu unterschreiben, wenn der Bus des Juniors, der den Zettel drei Tage im Ranzen hatte, in 90 Sekunden losfährt. Ich frage mich, warum Haferflocken auf dem Küchenboden liegen statt im Müslibecher. Warum haben wir ein WC (water closet), wenn keiner den Wasserhebel drückt? Wie entfernt man vertrocknete Blendax von Badezimmerspiegeln? Und Marmeladenfinger von Türgriffen? Warum liegt benutzte Unterwäsche im Esszimmer und auf dem Bücherregal im Wohnzimmer schon wieder eine Socke? Wie wechselt man einen Fahrradschlauch, wenn der sich hinter einer 19-Gang-Schaltung befindet? Warum hat man fünfzig Jahre lang nicht nachgelesen, was sich in Brühwurst befindet? Und: ist Bündner Fleisch Schinken? Mit Orangenöl kann man prima Flecken raus machen. Auch aus Sisalteppichen. Das sieht man hinterher an den strahlend weißen Stellen im dezenten Beige. Wieso hat mein 50-Cent-Sparstrumpf immer weniger Fünfziger? (Wenn man weiß, dass der Föhnautomat in der Sauna …)

Taschengeld, auch so eine Sache. Chefsache – meine also. Tatsächlich finde ich im Internet eine

Taschengeld-Empfehlungstabelle. Sogar eine mit Fangfragen. Wie macht man einem 15jährigen klar, dass er die 1-Euro-je-Woche-Erhöhung erst mit 16 kriegt weil es – außer seiner eigenen – für ihn keine Empfehlung gibt? Wieso will die Tochter ein Bikini-Oberteil mit Busenpolster, sie kann doch warten, bis sie selber einen hat. Warum sind gelbe Poloshirts uncool?

Und: kann ich nicht stundenlange YouTube-Nutzung auf meinem Rechner irgendwie technisch unterbinden, ohne immer laut rumzuschreien? Warum soll ich ein Dach über die Gartentomaten bauen? Es sind doch keine Zimmerpflanzen! Wieso muss ich nun zu jedem Elternabend antreten, Ausflüge als Aufsicht begleiten, Schulübernachten, Klassensaal streichen, den bedeutsamen Vorsitz des Fördervereins übernehmen?

»Du bist doch jetzt mal da.«

Jetzt zeigt sich, was die Jungs vor Jahren gemeint hatten, als ich eine Junge freite und über 50 war, als die lieben Kinder kamen. »Du wirst dann schon sehen«, haben die geunkt. »Da kommt was zusammen.« Das war zwar anders gemeint, aber was jetzt zusammenkommt, sind kleine Kinder und mein Rentenstand. Das beißt sich nicht, denn Kinder brauchen einen Papa, der viel Zeit hat. Und eine Mama, die auch viel Zeit hat. Deswegen hat der Papa nun weniger Zeit. Eigentlich gar keine.

Mal wieder Doppelfahrdienst. Unglaublich, wer um diese Stunde alles unterwegs ist. Für den Junior Filet vom Huhn vorbereitet, für Tina Spätzle mit Käse überbacken, dazu noch frische

Gartenkräuter. Urinprobe zu Dr. Lohwasser gebracht, auf dem Rückweg getankt, an der Apotheke vorbei. Nicht vorbei, sondern hin und rein. Kartoffeln mitgebracht (nur festkochend) und sicherheitshalber die zweifache Portion Goldgeist zur Prophylaxe, in einer Klasse gehen Läuse um. 9,50 Euro für den Läusekamm. Dafür scheint der aus Sterlingsilber zu sein.

Die Mama hat Teamsitzung, mit Grillen im Anschluss. Gute Gelegenheit, mal mit WC-Fix den Töpfen im Haus zu Leibe zu rücken. Die erste Waschmaschine ist durch. (»Keine Wolle in den Trockner! Schau dir meinen Pulli an!«) Rechnung für Dr. Schlömer überwiesen; alter Fan von mir, stellte Tims Zähne ins Lot. Von der Hand in den Mund. Laut Rechnung von Schlömer hat Tim jetzt ›individualisierte Vollbogen‹; das kostet halt, wenn man so was im Munde hat.

Alex hat mir vorgestern erzählt (Putzgeister unter sich), dass sie eine Chrombadezimmergarnitur mit einem Glitzi-Schwamm gereinigt hat. Jetzt sieht die Garnitur aus, als stamme sie aus dem 1. Weltkrieg. Wäre mir nicht passiert. Zumindest nicht, seit ich in Rente bin. Weil mir der Typ im Kopiershop erzählt hat, von Chromfelgen bis zu Küchenarmaturen sei die Zahnpasta von ›Aldi‹ das beste Reinigungsmittel.

Es ist, Damen und Herren, ein Lernprozess. Man kann auch sagen, man ist mit artfremden (männeruntypischen) Tätigkeiten befasst. Reklamation zwecklos. »Jetzt siehst du mal, was ich alles weggeschafft habe, als du noch beim Funk warst.« (Klar, die beim Funk, die schaffen ja nix.) Dem Schwiegervater (Schreibstdu) eben ein paar

Zeilen gewidmet. Von ›Bastei‹ ein Buch geschickt bekommen. Dem liefernden Blonden von DHL nicht im Bademantel die Tür aufgemacht; die Zeiten sind bekanntlich vorbei.

Ein Buchtitel zum Nachdenken: ›Werte im Schafspelz‹. Bisschen kryptisch. Doch der Untertitel lässt mich hellwach werden: ›Entlarven Sie die Tricks, mit denen wir alle manipuliert werden.‹

Autor Michael Mary hat keine Ahnung. Ich habe vergeblich nach einer Kannstdu-Abhandlung gesucht. Dafür fiel mir ein, dass ich schon wieder aqua destillata brauche für den Dampfbügelautomaten. Sonst habe ich wieder Ärger mit der Ventilschraube und muss stundenlang entkalken (Essigessenz). Eigentlich wollte ich jetzt heimlich doch in dem Buch von Mary lesen, habe es aber weggeschmissen. Weil schon auf der ersten Umschlagseite – und das kann ich nicht ab – steht: »Uns sie verstehen sich doch.« Wenn schon Druckfehler zum Auftakt, wird der Rest wohl auch geschlampt sein.

Muss mich noch umziehen für die Bürgerversammlung. (»Kannstdu da bitte hingehen? Es geht um aufmerksame Nachbarn.«) Warum nicht? Aber gerne. Wenn die Gattin dienstlich stundenlang grillen und essen muss, dann gebührt ihr Entlastung. Denn wenn einer Zeit hat – auf jeden Fall werde ich auf dem Rückweg vom Weiterstädter Rathaus bei Manuel im ›Napoli‹ noch einen Schoppen nehmen.

Oma Gertrud wird in Kürze 80, und weil Horst nicht mehr so fit ist habe ich ihr angeboten, bei ihr im schönen Bungalow für 16 Gäste zu kochen. Zu meinem Entsetzen war sie von diesem Vorschlag begeistert. Also fahre ich vom Streicherklassentreff morgen Abend noch zur ›Metro‹, die im Gegensatz zu ›Kaufland‹ nur bis 22 Uhr geöffnet hat, und hole Pangasiusfilets, Kokosmilch und einiges mehr.

Samstag gibt's keine Pause, da habe ich meinen Mitvorstand vom Morneweg-Förderverein zum Essen eingeladen. Die hatten mich, angesichts meiner Verrentung, in Sachen Vorstand übernehmen angefragt und dreist gelogen: »Das sind zwei Sitzungen im Jahr, und das war's dann.« Wir treffen uns nun zum siebten Mal, und das war's dann noch gar nicht.

Chris wird mich zu dieser Zeit in einer Nobelvilla in der Wiesbadener Walkmühlstraße bei einer edlen Party sicher gern vertreten. Vorher habe ich noch Hektik, aber immerhin, es geht um ein gutes Geschäft. Es stinkt nach Katzenkacke – Moment, bitte. Also Geschäft. Also das andere. Vier Freischwingersitze für 24 Euro. Chris ist Spitze in eBay mit ihren Funkuhren und Last-Minute-Schnäppchen. Standort Mainz-Gonsenheim, nur Abholung (Kannstdu) Das fährt sich flott vor dem Pangasius. Gut, wer einen Navi hat. Gazpacho mache ich noch, feine Teigröllchen, gefüllt mit Lachs, Kräutern und Frischkäse. Vorher habe ich die Freischwinger entstaubt, raufgetragen, die alten runter.

Sonntag könnte ich ausschlafen, schön bis neun. Da muss ich die Kinder aber zum Bäcker Bormuth fahren, weil ein Familienfrühstück (alles Roggen) etwas Schönes ist und man die abgelaufene Woche besprechen kann – und meine Fahrdienste für diesen Sonntag, wenn ich mit der Wäsche durch bin. Ein Segen, dass Langärmeliges in diesen warmen Tagen nicht gebügelt werden muss, da sparst du Zeit, zum Beispiel um die noch nicht überdachten Tomaten auszugeizen. »Papa, was ist das?«

Die Praxis Lohwasser ruft an, in Maxens Urin ist nur Urin drin, er muss sich nächste Woche ultraschallen lassen, ich habe seine Kassenkarte vergessen. Also, noch mal nach Gräfenhausen. Da kann ich aber gleich bei Raiffeisen Volldünger mitnehmen. (»Dein Rasen sieht ja wirklich toll aus!«) Der Dreh ist der – hat mir ein Gärtnermeister erzählt: Viermal im Jahr vertikutieren, im Frühjahr und im Herbst Volldünger drauf, möglichst in einer regenreichen Zeit, dann wird das Ganze saftig und sattgrün.

Eben meldet sich Dieter, der mit den Filzbäumen. Er kommt mit Hildegard heute Abend auf einen Gartenschoppen vorbei. Hildegard ist auch im Ruhestand, sitzt aber heute mal wieder als Schöffin gegen böse Buben zu Gericht, ansonsten ist sie Vorsitzende eines sehr wohltätigen Vereins, war Stadtverordnete, ist aber noch politisch vielfach aktiv. Dieter hat mal gesagt, sie sei auch für die Gartenarbeit zuständig. Warum haben wir beide dann die Kettensäge jaulen lassen müssen? Weil wir Rentner mehr Zeit als sie (Rentnerin) hatten.

»Unten ist noch Wäsche«, hat mir Chris heute Morgen ohne ›kannstdu‹ mitgeteilt. Was mag das heißen? Klar: aufhängen. Jetzt soll hier – ich schreibe das auch des häuslichen Friedens wegen – nicht der Eindruck erweckt werden, dass zu viel an mir und nicht an ihr hängen bleibt. Die Katze frisst sich aktuell mit einem Virus von innen nach außen auf. Die Fahrt zur Tierärztin habe ich abgelehnt. Ich will keine Katze, ich kümmere mich nicht. Ja, da bin ich richtig knallhart gewesen. Mit der Wäsche, das war zwischen Tür und Angel. »Unten ist noch Wäsche …« – und weg war sie. Ich könnte die Wäsche auch in der Maschine lassen. Für immer, oder so. Man muss auch mal nein sagen können. Doch ich bin ordentlich.

Wenn die Kinder ihre Börse, Bikiniteile, Moby-Tickets, Handys nicht finden – ja, irgendwer muss da mit anpacken. Und da ich gerade da bin …

»Das würde der Jens nie machen! Also kochen, das macht er schon mal«, hatte mich Amal zum Thema Hemdenbügeln und Gästebekochen wissen lassen. Bei den Frauen kann man damit prima protzen. Kochende Männer – geil! Ich koche fein, raffinierte acht Gänge, mal mehr, mal weniger. Man stellt als kochender Mann andere Mitmacker, ohne ein Wort zu sagen, volle Kanne in den Schatten. Rüdiger soll vor einige Zeit auf die Frage, wo man in Darmstadt gut essen gehen kann, gesagt haben: »Beim Rainer.« Wurde mir so zugetragen. Bislang war das ja immer Hektik ohne Ende. Bis Freitagabend arbeiten, dann losziehen, einkaufen, ganz frische Kost Samstagmorgen. Dann ran.

Jahrelang habe ich die Familie genervt, bin fünf Minuten, bevor die Gäste kamen, gnadenlos fertig aus der Dusche geschlüpft. Vorbei. Freitags und samstags wird vorbereitet. Die Basilikum-

Tomaten-Mousse an Avocadocreme. Das Fenchelsüppchen. Oder eins mit Sellerie, in der Knolle – mit abgesägtem Strunk als Deckel, obenrein ein Loch geschnitten für die Kraut-Dekoration. Kommt gut. Man muss allerdings die Sellerieknolle auf der Kreissäge unten glatt sägen, sonst fällt sie beim Auslöffeln um und saut Tisch, Gäste und Teppich voll.

Wildschweinrücken marinieren, am Samstag fünf Stunden bei 60 Grad im Bräter lassen. Mangos pürieren – das gibt den Spiegel für das hausgemachte Brombeereis mit Armagnac; die Beeren selbst gesammelt, mit Blessuren und Schnakenbrut, weil es feucht war. Weine auswählen in Ruhe, die Speisekarte schreiben, die Spargeltarte vorbereiten mit Paprikastückchen, wegen der Farbwirkung. Da lob ich mir das Rentnersein.

Eine Stunde vor der Zeit schenke ich mir einen Acquavite von Bepi Tosolini ein – Grappa verabscheue ich –, proste mir zu und verkünde der endlich einmal vor einem Festmahl erfreuten Gemahlin: »Schatz, wir sind gut in der Zeit.«

Hilfreich beim genussvollen Kochen sind meine gut 170 Kochbücher. Ich verdanke sie dem Umstand, dass ich unter anderem Kochbuchkritiker bin. Da kommt keine Langeweile auf – es sei denn, ein deutscher Sternekoch empfiehlt öffentlich in diesen Tagen, Huhn mal mit Lakritze zuzubereiten. Das, werter Herr, habe ich schon vor 30 Jahren mit Jean Pfisterer so gemacht und ist ein alter Hut.

Am Samstag wird nicht gekocht, da moderiere ich ein Reiterfest bei Leverkusen, für ›umme‹;

man kennt sich, ich hab' ja Zeit. Ein Benefiz-Essen habe ich vor einigen Wochen mitorganisiert und moderiert, eine Jubelfeier auch, im Herbst kommt noch eine Versteigerung hinzu – alles ohne Honorar; man ist ja froh, wenn man noch gebeten wird. Gerade per Mail vom Förderverein – sind ja alle berufstätig; es gilt, mit dem Schuldirektor Termine zu besprechen für den ›Tag der offenen Tür‹, das Schulfest; da ist man dann präsent, macht Mitgliederwerbung in 42 Sprachen, verhandelt mit Sponsoren, damit die Getränke rausrücken.

Eben kommt eine Mail. Ich sitze, lese ich, wieder in der ›Kochbuch des Jahres‹-Jury. Eine andere tagt auch in Kürze, da geht es um den ›Darmstädter mit Herz‹, der deckungsgleich zum Bockbieranstich, bei dem wieder alle da sind, vorgestellt wird. Keiner fragt: Wie machst du das alles? Wie schaffst du das? Wann schläfst du eigentlich?

Rasso hat kein Ehrenamt, war kein Moderator, sondern solider Börsianer. Mittags fährt er mit Angelika in die Pfalz. Sie mieten sich über Nacht in einem Weingut ein, hauen sich die Mägen voll, probieren 18 trockene Weiße.

Ruth hat angerufen. Das Konzert im Rheingau war phantastisch. Am Wochenende wandert sie mit Markus nach Neckarsteinach. Abends geht sie noch joggen. Merken die denn gar nicht, dass diese Botschaften weh tun? Mir. Wann und wie sollen wir denn mittags in die Pfalz fahren? Vom Übernachten ganz zu schweigen. Den Kindern wäre es mehr als recht.

Eben war der Post-Ami da. ›Die stärkste Marke

sind Sie selbst‹, heißt das Buch, das er gebracht hat. Zitat: »Nur derjenige hat im Beruf Erfolg, der sich deutlich von seinen Konkurrenten abhebt. Der systematische Aufbau und die langfristige Gestaltung eines starken und einzigartigen Images werden daher immer wichtiger. Auch im Privatleben.«

Da kann ich mich ja nun wohl als Deutschlands Vorzeige-Rentner Nummer 1 bezeichnen und jemanden bitten, für mich und mein häusliches Lebenswerk das Bundesverdienstkreuz am Band zu beantragen. Oder sehen Sie das vielleicht anders?

Das mit dem Selberbügeln kommt auch gut bei den Damen. (»Mein Gott, muss die Frau es gut mit ihm haben …«) Hat sie auch. Tim ist Legastheniker und braucht viel Hilfe, Anleitung. Das macht Mutter. Stundenlang Vokabeln eingeben, lernen, abfragen. Und das wird nicht an mich delegiert. Immerhin. Jetzt, beim Schulwechsel von Tina, stand ja auch einiges an. Bücher kaufen, einbinden, mit Bus und Bahn das zarte Kind an neue Wege gewöhnen. Macht auch Mutter. Sie macht überhaupt viel – sagen wir: Das, was ich nicht mache und nicht schaffe.

Heute schaffe ich es noch, einen Teil Hauswand aufzugraben. Offenbar feucht. Ich kenne das schon. Unsere Hütte ist Baujahr '58, zum Teil. 4000 haben wir in zwei Jahren in Isolationen investiert. Vorher hatte ich auf-, hinterher wieder zugegraben. Ist jetzt aber eine angenehme Pause nach ausnahmsweise mal gleich vier Stunden am Computer. Bis Tim kommt, dann essen wir zusammen. Und, Freude, ein

Fahrdienst fällt weg. Tina fährt mit der Straßenbahn direkt zur Gesangslehrerin. Schön, wenn die Kinder langsam selbständiger werden. Kann ich länger graben.

Zukunftsträume

Viel von meiner kostbaren Zeit vergeige ich wegen längerer Wegstrecken. So schön das ist, dass wir hier praktisch nur eine Straße sind mit kleinen Nebensträßchen, die zum Waldrand führen, so nachteilig ist es, dass sich sämtliche einmal vorhandenen Dienstleister auf und davon gemacht haben. Friseursalon – geschlossen. Metzgerei –geschlossen. Damit also ein Ausfall von 100 %. Immerhin konnte man mal rasch zur Metzgerin, ein paar Eier, Brot, Butter holen. Das sind jetzt Strecken. Tim, der – wie schon berichtet – von einem Moped träumt, könnte dann ja geschickt werden, wenn er 16 ist: zur ›Metro‹, zu ›toom‹, Aldi, ›Edeka‹, ›real‹ und wie die Läden alle heißen. »Tim, kannstdumal?«

In vier Jahren ist Tina dann auch zweiradtauglich. Also, die Kids knatternd losschicken, mit großen Packtaschen und ebensolchen Einkaufszetteln, das wäre mal was. Eine gewaltige Erleichterung, mindestens einen Krimi könnte ich in der im Jahr gesparten Zeit schreiben. Oder eineinhalb. Phantastisch! Auch Gänge zum Bürgerbüro in der Kernstadt könnten die Kinder, flott davonbrausend, absolvieren. Auch zum Änderungsschneider, zum Schuhmacher, zur Apotheke. Welch eine Entlastung.

Ja, von wegen!

Am 8. Oktober des Jahres war ich zur Vorbesichtigung von ›Loop 5‹ eingeladen. Am 9. machte das Riesencenter auf, mit 17 Restaurants und 160 Läden. Alles, was es gibt, was man braucht. Wirkt sich schon positiv auf unsere

Grundstückspreise aus. Weil das Loop vor der Haustür liegt. Fünf Minuten zu Fuß, zwei mit dem Fahrrad, falls die markierten Wege noch kommen. Kalkulierte Verkehrsfrequenz pro Tag ab Eröffnung in einer Nachbarstraße: 24 000 PKW.

»Da können wir«, sagt meine Frau jüngst zu Recht, »kein Kind hin- und durchschicken, das ist lebensgefährlich.«

Wo sie Recht hat, hat sie Recht. Und sagt: »Der Bürgermeister muss mal einen auf die Kappe kriegen. Ich werde sofort Mitglied beim ›Bund Deutscher Radfahrer‹«.

Also, wer fährt? Ich. Damit bleibt es bei Zukunftsträumen, denn im Loop wird es auch eine Apotheke geben, vielleicht sogar einen Änderungsschneider und einen Schnell-Schuhmacher. Was übrig bleibt, ist das Bürgerbüro. Aber öfter als einmal alle zwei Jahre müssen wir dort nicht hin.

Ich grübele. Für die Kinder ist die Strecke zu gefährlich, für mich offenbar nicht. Soll ich vor der Zeit entsorgt werden? Wie gelange ich zwischen 24 000 Autos, voll besetzt mit Einkaufs- und Eventgierigen von der einen auf die andere Straßenseite? Reicht da ein Handzeichen, und die Karawane stoppt? Oder steht anderntags in der Zeitung: (Weiterstadt). Beim Versuch, mit seinem englischen Bequemfahrrad nach links zu einem Einkaufszentrum abzubiegen, ist gestern Mittag ein 67-jähriger Rentner in der Gutenbergstraße von einer Limousine erfasst und überrollt worden. Der Senior war auf der Stelle tot. Nach dem Unfall kam es zu einer Vollsperrung der Gutenbergstraße und einem großflächigen Verkehrschaos.

Na ja, wäre immerhin noch ein Abgang. Tagelang hätten die Mitrentner was zu erzählen: »Alles voll Blut! Isch hab erst gedacht, da hätte se e Kuh notgeschlacht.« Oder: »Ich hab ihn noch zucke sehe. Die arm Frau jetzt.« In der Folge müsste der Bürgermeister doch noch Radwege markieren lassen, weil die Bürgerinitiative (aus Rentnern), die sich umgehend nach Bekanntwerden meines Ablebens gebildet hätte, ziemlichen Putz machen würde. ›Wie viele Menschen müssen noch sterben, Herr Bürgermeister? Freie Fahrt für freie Rentner!‹ Da würde er schon einknicken.

Besser, ich kaufe mir einen gepanzerten Mix aus Rollator und Einkaufswagen und tippele zu Fuß zum Loop. Wahrscheinlich bleibe ich aber mit dem Ding in einer Rolltreppe hängen und falle auf die Plauze, hört man öfter davon. Und mit einer Kiste Gerolsteiner als Ladung wird das auch nicht einfach werden. Meine Bemühungen, der Rentenkasse so viel wie möglich abzuknöpfen, hätten sich ja sonst auch kaum rentiert, wenn ich da das Premierenopfer werde. Und ich will auch nicht so schnell dem fremden Kerl zu Hause Platz machen.

›Grüße aus der Sansibar‹ – eine Karte von Hildegard und Dieter ist eben eingetroffen. Wie Bernd und Britta sind die ständig auf Sylt. Dieter hat schon gelockt mit dem Gästezimmer in Westerland, wir würden uns beide eine Woche locker machen, abends um die Häuser ziehen, während Hildegard sich akribisch auf Ehrenamtstätigkeiten vorbereiten würde. Trunken über Dünen zu torkeln, Meeresrauschen im Hintergrund, weit vorne ein einsames Licht, heimeliges Zuhause, die ganzen Promis beäugen, die vielen weißen Porsche und Audi (Dieter hat gesagt, Weiß sei voll im Trend bei fetten Autos), die frische Champagnerluft genießen mit einer schönen Marlboro im Mund, tief durchatmen. Dieter hat mir das sehr schmackhaft gemacht. »Wird doch bei dir keiner was dagegen haben?«

Lieber Dieter, die Frage ist: wann? Es geht nur in den Schulferien, und wenn ich die Kinder irgendwem aufhalse, so wie im letzten Jahr. Was einen Haufen Knete kosten wird, weil die Aufhalserei in Alicante oder im Robinson-Club auf Kreta stattfindet. Hinterher muss man den Kindermitnehmern noch was Gutes tun. Kostet ja auch. Das ist zwar laut elektronischem Haushaltsbuch noch machbar, aber dann habe ich keinen Schotter mehr, um auf Sylt den Krabbencocktail zu finanzieren.

Ich soll es mir trotzdem überlegen, hat Dieter gemeint. Er bricht jetzt mit Radio hr4 und Marieluise, einer rehäugigen Ex-Kollegin, die aussieht wie eine echte Spanierin, zu einer Radtour auf. In die Heimat der Spanierin. Hildegard ist auch dabei, da oben bei Plön, Flensburch, der Seenplatte. Meine Gemahlin war inzwischen auch wech mit dem Rad. Eine Woche mit Sigrun. Von Freitag bis Freitag. Habe mir mit den Kindern einen schönen Lenz gemacht.

6:15 Uhr aufstehen. Wenn die weg sind gegen halb acht, haue ich mich wieder in die Falle. (Dachte ich mir so.) Leider bin ich nicht mehr müde, wenn ich schön geduscht und heißen, aromatischen Arabica (›Ökotest‹!) geschlappert habe. Also, Zeitung lesen, sich Sorgen um Madeleine Schickedanz machen, Middelhoff, Wiedeking, Arcandor. Frühstücksreste entsorgen, Tina hat den ›Pink Lady‹ liegen gelassen, Tim den Zettel für die Klassenfahrt mit meiner frischen Unterschrift. Morgen ist auch noch ein Tag.

Die Sonne scheint, ich hänge Wäsche auf. Wie die Marokkanerin im Garten nebenan. Die haben ein Schreikind, das offenbar schon als Säugling die Blechtrommel gelesen hat. Unsere Scheiben sind noch ganz; liegt vermutlich an der Doppelverglasung.

Gärtner Brunner läuft am Zaun vorbei, teilt mit, er habe bei uns eine Journalistenzeitung in den Briefkasten gesteckt. Später will ich sie herausnehmen, sie ist nicht da. Es gibt viele Briefkästen in der Nachbarschaft. Auch den von Frau Witt aus dem Haus hinter uns. Nicht verwandt und verschwägert. Man kennt sich vom Postaustausch. Mit Brunner bespreche ich die neue Unzuverlässigkeit von Postbotinnen: dauernder Wechsel, lesen können sie wohl auch kaum. Wusste gar nicht, dass Brunner so ein netter Kerl ist. Wir sind seit 20 Jahren Nachbarn. Jetzt erlaubt das Rentnerdasein einen freundlichen Wortwechsel. Man merkt, was man als arbeitender Mensch doch alles versäumt hat.

Von den Kindern lernen

Dass unsere Kinderchen gut erzogen sind, sich ordentlich benehmen, mit Messer und Gabel umgehen können, in Bus oder Bahn älteren Mitmenschen freudig ihren Platz anbieten, sich vorstellen, artig sind am Telefon, nicht wie andere ›Ja!‹ in den Hörer bellen – also davon gehen wir aus.

Weil ihm ein Busfahrer zu Unrecht Schläge androhte, hat Tim jüngst die Polizei geholt; der Bus hatte 20 Minuten Verspätung. Selbstbewusste kleine Bürgerchen sind unsere also auch schon. Leider hat die Polizei dem Sohn verdeutlicht, der Busfahrer dürfe das, was sicher ein Missverständnis war. Allerdings pflegen unsere Kinder manchmal ein solches Selbstbewusstsein mit ihren Verweigerungs- und Negierungstaktiken, dass der viel beschäftigte Vater gut beraten ist, sich künftig einiges von ihnen abzuschauen.

Ich komme noch mal auf unser gelegentliches Unterhosen- und Sockenproblem zurück. Wir verfügen über mindestens vier stets einsatzfähige großformatige Behälter für Schmutzwäsche sowie einen weiteren mit drei Abteilungen im Waschraum. Mutter und Vater entsorgen täglich, was in die Wäsche muss. Die Kinder hingegen lassen öfter mal einfach fallen, was mit dem ›Ökotest‹-geprüften Waschmittel von ›dm‹ wieder fit gemacht werden soll. Seit ich ›da‹ bin, registriere ich ein interessantes Phänomen: Es liegt immer mehr herum. Was meine Ordnungsliebe stört. Auch nicht gemachte Betten, überquellende Papierkörbe gehören dazu oder Frühstücksbrettchen mit Marmeladenfragmenten an höchst ungewöhnlichen Orten. Hinzu kommen ganz, viertel oder halb geleerte Fläschchen mit Apfelschorle. Was geschieht damit? Vater räumt es weg. Täglich. Macht die Betten, schafft Ordnung auf Schreibtischen, die unter ihrer Last kaum noch zu erkennen sind.

»Lass das doch die Kinder machen«, mahnt die Gattin. Zu Recht. Doch die haben sich inzwischen dran gewöhnt, dass Zahn- oder Haarbürsten, mobiles Mobiliar, vom Papa eingesammelt und weggeräumt werden. Ist ja auch bequem. Kommen sie von der Schule, ist alles perfekt in Schuss. Da ich kommende Woche verreist bin, wird es übernächste Woche losgehen. Ich werde mich zwingen, keine Betten mehr zu machen, nichts mehr wegzuräumen. Mir graut davor, wie es dann aussehen könnte.

Weiterhin werde ich dann das Vokabular der Kinder übernehmen, wenn sie etwas von mir wollen. Ein Spiegelei oder zwei Euro. »Jetzt nicht«, werde ich sie mit ihren eigenen Worten abweisen. »Wenn ich die andere Hose anhabe. Sowie ich zurück bin. Ich kann nicht fünf Sachen gleichzeitig machen.«

Harsch werde ich sein wie diese brutalen Kinder. Sie mit ihrer eigenen Härte konfrontieren, verzweifelt, mit erschrockenem Blick ihrem momentanen Elend überlassen. Sollten sie reklamieren, werde ich sie mit ihren Worten weiter schlagen. »Bin ich hier der Knecht, oder was? Ich hab' mich gerade verabredet. Ich will jetzt chillen.« Sollte ihnen das nicht bekannt vorkommen, werde ich mich zu voller Größe aufrichten, mitteilen, dass ich ihre Verhaltensweisen imitiere, sonst nichts. Und dass das nicht so weitergeht. Dass jetzt Schluss ist mit Müßiggang.

Meine Frau wird das unterstützen, sie hat gerade ›die Listen‹ wieder aktiviert. DIN-A4 quer zeigen sie ein ausgebufftes Punktesystem an. Punkte werden vergeben für familiäre Wohltaten wie Freundlichkeit, Zuvorkommen, artgerechtes Verhalten. Für Öko-Eimer runter tragen, Papierkorb leeren, Schreibtisch aufräumen, Socken, Unterhosen. Bei Verstößen gibt's kein Kinogeld oder solches für einen Ausnahme-Döner, Übernachtungen außer Haus können gestrichen werden. Ein nahezu perfektes System, um die Rangen auf die Reihe zu kriegen.

Gerade der Übernachtungssport ist eine Angelegenheit, die mich zusätzlich über Gebühr in Anspruch nimmt. Tina trifft sich Freitagnachmittag mit Danah, wird von deren Eltern zum Essen eingeladen, es wird spät und später, dann kommt der Anruf: »Darf ich über Nacht bleiben?« Fast schon ein Freitagsklassiker. Dagegen ist nichts zu sagen. Aber es hat Folgen für mich. Am Frei-Tag. Socken, Unterhose, ein frisches Hemd, Zahnbürste, Paste, Nachthemd einpacken und zu Danah bringen. Macht vier Kilometer, 20 Minuten, und nicht immer ist Amal zu Hause, bietet mir noch einen Rotwein und eine Gauloise an. Klugerweise könnte man eine Kiste mit Nacht- und Wechselklamotten bei den Freunden deponieren; es wäre ein Fahrdienst weniger. Aber so deutlich will man sich und das übernachtungsgeile Kind nicht ins Geschäft bringen.

Zum Übernachten bei uns treten Luisa, Sonja, Anna, Paula an. Klappmatratzen ins Kinderzimmer wuchten, Bettwäsche beziehen, anderntags Mehrarbeit beim Waschmaschinengang. Kaum habe ich Salami für Paulas Frühstück aufgeschnitten, teilt das liebe Kind mit, sie habe am Vortag beschlossen, wie Tina auch Vegetarierin zu werden. Sonja – mit vietnamesischen Wurzeln – ist andere Arten von Abendbrot und Frühstück gewohnt. Anna – ihre Eltern kommen aus Angola – mag gern Süßes, aber keine Eier, Luisa eher Nutella, die wir wegen des Zuckergehaltes gerade abgeschafft haben. Scout und Karl, die bei Tim pennen, sind pflegeleicht. Für Mohammed organisiere ich aus muslimischen Gründen Rind, weil ich den Reinfall mit der Pizza-Salami noch im Hinterkopf habe. Die sich dann aber, nachdem die komplette Salami abgegabelt war, doch noch mit dem Koran vereinbaren ließ. Oder dem Hunger.

Wir verfügen normalerweise über zwei Bäder, haben aber nur eins. Als die Mauern und Ringanker standen, sagte ich zum Bauleiter, es würde wohl etwas knapp mit der Duschkabine werden. Er tippte auf dem Bauplan auf ›Gäste-WC‹. Ich tippte auf den Halbkreis, der rechts neben dem Waschbecken eingezeichnet war. »Ach, du Scheiße«, sagte der Bauleiter. Also kein Bad, aber ein Gäste-WC. Dafür ist der kleine Verbindungsgang nun länger, die Außenterrasse in der ersten Etage auch.

Während übernachtende Jungs das WC zum Duschen oder Zähneputzen nutzen, diverse Spritzansätze am Urinal üben, um die Spülautomatik per Lichtschranke zu überprüfen, sind Mädels anders gepolt. Es soll deshalb erwähnt werden, weil ja auch Eltern mal was vorhaben. Zum Beispiel heute Abend zum Serenadenkonzert gehen. Und vorher erst mal ins Bad. »Gleich«, ruft es heraus; die Tür ist verriegelt. Tina und Paula zelebrieren einen Kosmetikkurs. Oder Anna und unsere müssen nun ziemlich lange Zöpfe flechten. Auch Faschingsperücken müssen im August ausprobiert werden. Gegickel, Gekicher hinter einer verschlossenen Tür.

Die Eltern dürfen tatsächlich noch duschen – welch ein Segen! Meist muss auch einer von uns Wache halten. Die stets verschwundenen Taschenlampen mit leeren Batterien finden sich versteckt unter Kopfkissen in Kinderzimmern wieder. Schön, dass sie gerne lesen. Nur mit den ausgesuchten Uhrzeiten sind wir gar nicht einverstanden. Wachehalter – das bin ich oft als Langwachbleiber; endlich mal Gelegenheit, ein paar Online-Überweisungen zu machen.

Hält keiner Wache mit Ermahnungstätigkeiten im Zehn-Minuten-Turnus, wird im Tochterzimmer die Nacht zum Tag. Kommt auch beim Sohn mal vor. Auch dass Scout nachts um 3:36 Uhr nach Hause gebracht werden muss, knapp am Notarzt vorbei. Katzenhaare in Tims Zimmer korrespondieren nicht mit Scouts Asthma.

Tim wird kurz vor unserem Abmarsch zum Serenadenkonzert (Mozart, Danzi, Benda, Bizet, Farkas) geheimnistuerisch den Vater auf die Seite nehmen. »Äh, wie lange ...?« Vater kennt das schon. Um 20:15 Uhr gibt es auf RTL 2 ›Bodyguard‹ mit Costner, um 22:45 Uhr ›Scream 3‹, einen Horrorfilm. Da ich ›Bodyguard‹ für einen wirklich guten und spannenden Film halte, sei er den Kids gegönnt, sagen wir mal, heimlich. »Um zehn sind wir wieder da.« Tim wird diabolisch grinsen. Auf der Einladung dürfte ihm der Zusatz »Im Anschluss laden wir zu einem Imbiss ein« nicht entgangen sein. Von wegen zehn!

»Um neun seid ihr im Bett«, wird die Mutter lakonisch feststellen, dabei wissen, dass sie – aus Sicht der Kinder – dummes Zeug redet. Die werden dann ab 22 Uhr auf der Lauer liegen. Alle Lichter aus, die Betten in den Kinderzimmern für den Sprung hinein vorbereitet, Taschenlampen griffbereit. Den Fernseher so drehen, dass die Alten – fahren sie den 80 Meter langen Weg aufs Haus zu – das verräterische bläuliche Flackern im reichlich verglasten Wohnzimmer nicht sehen. Wie immer wird das TV-Gehäuse warm sein, wie immer werden die Kinder im Tiefschlaf liegen.

Wir wissen, dass die Kinder es so treiben. Sie wissen, dass wir es auch wissen. Es ist praktisch eine Offizial-Schummelei ohne Lügen, eine televisionäre Toleranzzone für Freitage. Unsere Kinder gönnen uns demzufolge abendliche Einladungen. Sie haben auch schon durchblicken lassen, dass wir über Nacht wegbleiben können; sie würden sich das schon regeln. Dann könnten sie zum Beispiel um 0 Uhr in 3sat ›Eure Kinder werden so wie wir‹ gucken.

Aber es wäre eher so, dass Tim eine auf dem Flohmarkt günstig gekaufte DVD einlegen würde. ›Operation Walküre‹ ginge ja noch. Aber er hat wahrscheinlich entschieden stärkeren

Tobak in seiner Geheimsammlung. Anderntags nehmen wir inzwischen mit einer gewissen Gelassenheit die Müdigkeit der Kinder zur Kenntnis. Ich erinnere mich, dass ich Großmutters Haushaltskasse anzapfte, um Daimon-Batterien zu kaufen fürs Karl-May-Studium unter der Bettdecke. Als mir Dietrich eine Militärtaschenlampe schenkte, batterieunabhängig mit einer Akku-Leier dran, stimmte die Haushaltskasse wieder. Aber mein Vater stand nachts mehrfach auf, weil er merkwürdige Geräusche gehört hatte – meine Kurbelei.

Am Samstag dann bereiten wir uns langsam mental auf die sonntagabendliche Diskussion vor. Der Abend ist heilig – also nicht mir, denn meine Gattin ist ›Tatort‹-Fan. Wehe dem, der bei uns um 20:13 Uhr anruft und meine Frau sprechen will. No go.

Tim darf immer ein bisschen mitsehen, Tina wird dann laut reklamieren: »Wieso der und ich nicht?«. Milde werden die Eltern wieder auf Altersunterschiede, Mord, Blut und Totschlag hinweisen. Dann irgendwann wird sich die motzende Tochter verziehen, später der ebenso meckernde Sohn auch. Vorher wird er die Schreibtischlampe in Vaters Büro ausschalten, dann in den Nachtklamotten das Robben üben, sich hinter dem Büroschrank auf den dicken Teppich packen und um die Ecke herum heimlich mitgucken. Denkt er.

»Kannstdu«, wird die Mutter im Liegen unter ihrer Kuscheldecke heraus sagen. Manchmal gehen dann meine Ermahnungen ein Zimmer weiter an Max auch ins Leere. Dann merke ich, dass der ›Tatort‹ nicht besonders spannend ist, das Kind knackt bereits.

Freiheit, die ich meine

Eingangs habe ich ja empfohlen, man soll sich für die Rentnerphase viel vornehmen, damit man nicht völlig in irgendwelche Frondienste gerät.

Es ist also nicht so, dass ich immer ›da‹ bin. Gestern Abend zum Beispiel war ich weg. Annegret Held hat aus ›Fliegende Koffer‹ gelesen. Sie hat eine gute, eindringliche Schreibe, beobachtet prima, setzt das toll um – Grimme-Preisträgerin. Dass sie beim Lesen das ›r‹ rollt und ohnehin das hessische Idiom kaum vermeiden kann, sei ihr nachgesehen. Held ist humorvoll, spitzbübisch, lacht laut und gerne. Also nicht so eine verdrehte Lyrik-Tussi, wie man sie von ›Leonce und Lena‹-Preisverleihungen her kennt: blasse Plattbrustmädis im Geigenfrieda-Look mit leisen Stimmen, aus denen die komplette Lebensverzweiflung spricht. Oder der Umstand, dass Lyrik den meisten Deutschen auf den Senkel geht: diese Versmaß-Düsternis.

Held, von der Polizistin zur Literatin, zur erfolgreichen. Schon in Ordnung so. Ich habe Freunde, Bekannte getroffen, nach der Lesung noch geplaudert, zwei alkfreie ›Darmstädter‹ getrunken. Nett. Held habe ich noch drauf hingewiesen, dass Volker Zintel kein Polizeipräsident in Darmstadt war; da die beiden sich kennen, habe ich Zintel gegen 23:40 Uhr noch eine E-Mail geschickt mit Grüßen von der Autorin. Auch nett.

So kurzweilig sind dagegen die Vorstandssitzungen, zu denen ich Haus und häuslichen Arbeitplatz verlassen muss, nicht. Geplante Anschaffungen von Pinnwänden oder Diskussionen über die finale Farbgebung einer Schlosskellertür haben wenig Spannungs- und Erholungsmomente zu bieten. Dafür gehe ich zum Manu. Der heißt Manuel und betreibt mit Partner Andrea (männlicher italienischer Vorname) das ›Napoli‹ bei mir um die Ecke; war ja schon die Rede davon. Topfreundlicher Service, Riesenportionen zu relativ moderaten Preisen.

Da treffe ich unverabredet Jochen und Franz, Annette und ihren Mann, Britta mit Bernd, Gerd und Helga mit und ohne Hund, Walter und seine Neue, den Bürgermeister, den Chef vom Ordnungsamt, Lothar von der Brauerei, den Buchhalter, dessen Namen ich nicht kenne, die Oldtimerfahrer, Harry, Pippo, Salva, Michel und seine Frau. Kenner wissen, dass ich dort häufig ab 21:30 Uhr Sprechstunde habe.

Gesellt sich keiner zu mir oder ich mich zu ihm, winke ich Luigi, zeige ihm Zeige- und kleinen Finger; ein Bier, ein Grappa wird gebracht – einer der wenigen Grappa, die ich trinke. Kenne die Familie da Ponte aus Conegliano, die machen den ordentlich: acht Jahre im Barriquefass gelagert, milde Tannine drin, fast quittengelb.

Sitze ich allein, dann mit Blickrichtung auf die Straße und Rücken zum Lokal. So werde ich nicht abgelenkt. Und dann, dann schreibe ich – im Kopf. Seit Wochen sind im ›Napoli‹ Kapitel für dieses Buch entstanden, fast völlig ungestört. Und eine Menge Gags für ein Kinofilmdrehbuch, an dem ich mit Till Eitel arbeite. Er schreibt in

Bonn am Plot, ich arbeite an den Gags. Es soll ein italienischer Migrantenfilm werden, samt Pizzeria, Romantik, la Mamma, la Mafia und durchweg zum Lachen. Im Winter packen wir beide Plots zusammen, wollen dann versuchen, einen bekannten Produzenten dafür zu begeistern. Till Schweiger nicht, der hat mir zu verkniffene Lippen für was Komödiantisches, der mit seiner rasierten Brust. Muss viel Zeit haben, der Meister.

Da ich hier und jetzt zum ersten Mal öffentlich vom ›Schreiben im Kopf‹ beim ›Napoli‹ berichte, sind diversen Menschen künftig auch die Mäuler gestopft.

Luigi und Manuel erkundigen sich manchmal besorgt, wie es mir gehe, wenn ich in mein Bierglas starre und mich frage, ob ich in einem meiner Bücher die Anfangssequenz nicht doch anders formuliere. »Kann man dir denn helfen, Rainer?« Müde winke ich ab. Soll der Kellner vielleicht seinen Senf zu meinem nächsten Kriminalroman dazugeben?

Andere mutmaßen, unausgesprochen, dramatische Eheprobleme: Kommt immer allein, geht allein. Sitzt stumm rum, zwei Stunden, auch mal länger. Da stimmt was nicht. Wo ist eigentlich die Frau? Fragen. »Na, so ganz allein wieder mal? Geht's Chris denn gut?« Wo könnte sie denn immer sein, wenn ich als Lonely Rider abhänge? Ganz einfach: im Bett. Zwei Menschen, zwei Rhythmen. Wer am Morgen um sechs raus will, geht abends früher rein. Bei mir ist das ein bisschen umgekehrter.

Manchmal kommt Chris noch bei Manu vorbei, auf dem Rückweg vom Doppelkopftreff, vom

Yoga, schon gähnend. Trinkt einen Tee, Pfefferminze, Plauderchen, geht dann wieder. (Ins Bett.) Ganz klar, dass da was nicht stimmt.

In Sachen Kindererziehung ist das ›Napoli‹ zwar kein Quell der Erbauung, aber ein phantastisches Objekt für angehende Soziologen, Sozpäds und Psychologen im Kommunaldienst, die Eltern helfen, die Kleinen zu normalisieren. Mit Interesse verfolge ich als älterer Vater – die anderen tun das nicht dort –, wie italienische oder portugiesische Großfamilien mit gewaltigem Sitzfleisch dort Feste feiern, samt den lieben Kleinen, und das bis in die Puppen.

Ein Segen, dass unsere das nicht wissen. Sie wollten sich sicher von Spaniern oder Zwergenwüchsigen Sizilianern adoptieren lassen. Starkbusige Mütter, schon teilverblühte südliche Schönheiten mit Salsa-Sugo-Folgen um die Hüften, schmiegen gegen Mitternacht quäkende Säuglinge an die Mutterbrust, andere schaukeln Kinderwagen mit Duettinhalt, manches Kind wird auf die benachbarte Bank gepackt, im Morgengrauen jäh von Vaters mächtiger Transporthand aus dem Schlaf gerissen. Das geht ja noch. Logischerweise hat das ›Napoli‹ eine Tür, die offenbar nur eingebaut ist, damit in grimmer Winterkälte mehr als laute, quirlige Kinderscharen hinausrasen, auf den Fahrradständer und wieder runterklettern, um erneut einen Schwall polarer Luftmassen ins unterkühlte Publikum zu geben. Natürlich nicht schweigend, sondern schreiend.

Ich habe ständig Angst, dass eines unserer Kinder ein solches Spektakel mitbekommt und die Eltern in stundenlange, nervende Diskussionen verstrickt. »Warum dürfen die das und wir nicht?«. Mir graut davor. Da ich im Haus der ›Napoli‹-Nächste bin, würde das ohnehin mit mir besprochen werden, und meine Ausrede, die Südländer seien halt so, käme kaum an. »Warum, Papa?«

Wenn mal drei Kartoffeln fehlen, das Mehl mitten in den Backvorbereitungen spurlos verschwunden ist oder das Olivenöl, ist das ›Napoli‹ ohne Ruhetag stets meine Rettung. Noch ein Grund, voller tiefer Dankbarkeit häufig dort aufzutauchen, um erfahrene Wohltaten noch einmal mit lobenden Worten – bis zum nächsten Mal, da capo – gebührend zu erwähnen. Durchzuatmen. Aaaah. Keiner will was von mir, keiner schickt mich.

Erfreulich für die Sportgemeinde Weiterstadt, dass deren Handballer jetzt mit denen aus Worfelden fusioniert haben. Die Logos auf den Spielerhemden werden immer größer, denn Weiterstadt hatte bereits mit Braunshardt fusioniert, und jetzt kommt das ›W‹ noch hinzu. Wenig erfreulich für den Kinderfahrer: Das Training wird auf drei Orte, sogar vier, verteilt. Gestern Abend ruft der Sohn an, Papa möge ihn in Klein-Gerau (»Bin an der Halle um voll«) abholen. Voll heißt soviel wie ganz, also hat er 19:00 Uhr gemeint.

Nachdem der Papa auf dem stockdunklen Parkplatz eine Viertelstunde gewartet hat, rührt sich das Handy. »Wir sind in Worfelden, sorry.« Das Spiel letzten Sonntag hat uns nach Rüsselsheim geführt, die Dieselrechnung steigt. Tim war im Tor und fasste 32 Mal hinter sich. So ist das, wenn der Tormann nicht erscheint und ein Feldspieler den Kasten bewachen muss. »Ihr Enkel? Armer Kerl«, machte mich die Nachbarin an.

Bei solchen Auswärtsspielen, bei denen ich meist der Familiendelegierte bin, denke ich häufig an Designer und Schreiner. Die massivhölzernen Sitzbänke ohne Rückenlehne haben eine Sitzhöhe von knappen vierzig Zentimetern. Egal, wie man sich rekelt – hinterher tut der Rücken mächtig weh, und man fühlt sich, als sei man bei Tina oder Tim beim Elternabend gewesen, wo nur die Klassenlehrerin eine körpergerechte Sitzgelegenheit hat und die armen Eltern mit den Knien unterm Kinn auf Liliputstühlen ausharren müssen. Frischrentnerqualen von früher ungeahnten Dimensionen.

Auch in Tinas neuer Schule nimmt man es mit den TOP nicht so ernst. Der erste Elternabend hat den Papa gut drei Stunden auf ein solches Stühlchen gezwungen, weil der Punkt ›Allgemeines‹ immer wieder zwischendrin aufkam. Ich gebe zu, dass die Pause zwischen Schulschluss und beginnendem Cellounterricht für die Kleinen in der Musik-Akademie recht knapp ist, warum aber gut 30 angerückte müde Eltern sich mit der Frage befassen müssen, ob Kind X in der Straßenbahn oder im Laufen sein karges Mittagsmahl einnehmen muss, das weiß ich nicht. Offenbar handelt es sich bei manchen Elternteilen um verbal Unterdrückte, die rare Gelegenheiten zum Wortgeben intensiv nutzen, um ungestraft Plaudertaschen sein zu können. Allein die Diskussion um einen nicht vorhandenen, aber noch zu besorgenden Klassenschrank hat

15 Abendminuten verschlungen. Mein frisch gezapftes Pils vor dem geistigen Auge löste sich in Wohlgefallen auf, die Zeit eilte dahin, viele Eltern stöhnten. Noch drei Tagesordnungspunkte, und das war's dann gegen 22:37 Uhr.

Auf dem Heimweg, im Auto, keimen absurde Gedanken hoch. Eine Idee wabert durchs Hirn, ein Gespinst natürlich. Denn es ist mies und gemein gegenüber den Kindern, von der Leyen und überhaupt, sich einmal auszumalen, was das für ein Leben wäre ohne die Kinder. Man hätte mehr Geld, mehr Platz, mehr Zeit, weniger Diskussionen. Eigentlich wäre es geil. Urlaub nehmen, wann man Lust hat, unabhängig vom Kultusministerium. Einfach übermorgen mal drei Tage zu Knut fahren, ihm beim erneuten Umzug helfen. Oder am Wochenende zu sagen: Wir hauen ab nach Straßburg, übernachten dort, dann nach Wissembourg ins ›Cheval Blanc‹ und auf dem Rückweg durch die Pfalz.

Ich weiß, der Leser ist entsetzt. Wie kann man so denken, so etwas nur schreiben? In acht oder zehn Jahren werden die Kinder das Buch aus dem Regal klauben und zischen: Dieser Unmensch! Womöglich sogar Schlimmeres. Aber: Es ist ja nur ein Gedanke. Wird gleich wieder gestrichen. Die Realität ist eben anders. Und ohne Kinder? Was hätte ich da hier nun schreiben sollen. Über Dialoge zwischen Rentnern? Allein deshalb lohnt es doch schon, sie zu haben, oder?

RAINER WITT

Jägertod

Rhein-Main-Krimi

Frankfurt, Hanau, Gernsheim und Groß-Gerau: Vier brutal ermordete Männer, vier Sonder-kommissionen, die im Dunkeln tappen. Ein dicker Feinschmecker und neugieriger Ruheständler, der sich zum Privatermittler aufschwingt und sich einen Wettlauf mit der Polizei liefert – aber zunächst ist kein Motiv in Sicht. Das sind die Hauptzutaten zu Rainer Witts viertem Kriminalroman, der, wie seine Vorgänger auch, im südlichen Hessen spielt. Die Mordopfer, allesamt biedere Zeitgenossen, könnten ein gemeinsames, dramatisches Geheimnis gehütet haben. Wurden sie deshalb umgebracht?

200 Seiten, gebunden mit Schutzumschlag,
ISBN 978-3-940168-76-4, 19,90 Euro